AF211797

Brunhilde Maria Cronauge

Frauchen hat sich verlaufen

Herstellung und Verlag:
Books on Demand GmbH, Norderstedt
ISBN: 978-3-8370-8195-4

Für

Vanessa

Frauchen hat sich verlaufen

Zuerst einmal möchte ich mich vorstellen. Mein Name ist
Erna, ich habe am 6. Juni Geburtstag und werde dann
schon 6 Jahre alt. Mein Fell ist lustig bunt und meine
Hobbys sind: Frisbee spielen, Stöckchen holen,
schwimmen, faul in der Sonne liegen und kleinen bunten
Schmetterlingen hinterher jagen. Mein Frauchen sagt,
manchmal sei ich etwas ungezogen. Aber richtig böse bin
ich wirklich nie! Wie ihr euch sicher schon denkt, bin ich
eine kleine Mischlingshündin.

Erster Tag
Eines Tages wollte mein Frauchen mal wieder Einkaufen
und sie nahm meine Leine und ihren Rucksack und wir
fuhren zusammen mit Tom nach Brilon auf den
Marktplatz. Ich freute mich schon sehr, denn mein
Frauchen kauft mir immer viele leckere Sachen und
manchmal auch etwas zum Spielen. Als wir in Brilon
ankamen, stieg ich also fix aus dem Auto aus und
versuchte schnell in Richtung Markt zu laufen, wo es
schon von weitem so lecker nach Wurst roch. Aber
nichts! - Mein Frauchen blieb stehen und sagte
irgendetwas zu Tom. Der stieg ins Auto und fuhr weg. „
Na ja", dachte ich, „Tom wird wohl das Auto auf den
Parkplatz bringen und wir warten hier auf ihn". Mein
Frauchen drehte sich einmal im Kreis, schaute sich um
und dann liefen wir los. „Hey", ich zog kräftig an der
Leine in Richtung Marktplatz, „Hey Frauchen, hey, hey
du hast Tom vergessen, der ist doch noch nicht wieder
hier und außerdem, da hinten, da hinten riechst du das

denn nicht? Da, da sind doch die Würstchen"! Aber was machte mein Frauchen? Zog einfach an meiner Leine und wir gingen in die falsche Richtung. Nach kurzem zögern ging ich natürlich mit, denn ich kann doch mein Frauchen nicht alleine lassen.

Nach ein paar Schritten sahen wir drei Männer, auch mit Rucksäcken und einem schönen braunen Hundejungen in ihrer Mitte. „Oh toll", dachte ich, „wir gehen in ein schickes Einkaufzentrum, da werde ich bestimmt in der Nähe von dem Hundejungen angeleint und wir können uns ein wenig unterhalten." Also trotteten wir nun, ich fröhlich mit meinem Schwänzchen wedelnd, hinter dem Trüppchen her. Gleich darauf gesellte sich auch noch ein älteres Ehepaar zu uns. Die Zwei hatten auch einen Rucksack dabei. Der Mann erzählte, dass sie nach Bruchhausen laufen wollten. „Muss wohl das Einkaufzentrum sein", dachte ich. Die Beiden erzählten dann weiter, sie kämen extra aus Dortmund mit dem Bus, um den Weg nach Bruchhausen aus zu kundschaften, denn sie wollen in einigen Wochen mit mehr als zwanzig anderen Menschen noch einmal herkommen und dann zusammen noch einmal nach Bruchhausen laufen . „Wau, wau" dachte ich „muss da ein tolles Einkaufzentrum sein, wenn die alle aus Dortmund extra hier her kommen wollen!"

So liefen wir dann eine Weile in Brilon herum. Mir fiel auf, dass die Häuser um uns herum immer weniger wurden. Ein bisschen komisch fand ich das schon, aber ich beruhigte mich damit, dass wir ja alle in dieselbe Richtung liefen. Dann kamen wir an einen steilen Pfad, der direkt in den Wald lief und den stiegen wir hinauf. Da mein Frauchen mich von der Leine ab machte, dachte ich nicht weiter darüber nach, denn wisst ihr, ohne Leine

4

kann man überall herum schnuppern und im Wald riecht es besonders toll! So stiegen wir immer weiter den Berg hinauf, bis wir an eine Stelle kamen wo ein Schild stand. Möhnequelle war darauf zu lesen. Alle scharten sich um das Schild und holten ihre Fotoknipsmaschinen heraus und machten ein Bild davon. Na seid mal ganz ehrlich, ihr Menschen, ein bischen komisch seid ihr schon, so mitten im Wald ein so blödes Schild zu knipsen! Im Wald gibt es doch viel schönere Motive! Na, mir soll es ja egal sein. Ach ja, und dann gab es da noch Wasser, was da direkt aus dem Boden kam. Einfach so! Das war denn schon eher was für mich. Ich bin denn da mal schnell hin und habe dort ein paar Schlucke geschlabbert. Das kam gerade richtig, denn ich hatte schon etwas Durst!

Dann liefen wir weiter, bis wir an eine Stelle kamen, an dem sich der Weg teilte. Dort war wieder ein Schild und ich dachte: „Nun geht das wieder los mit den Fotoknipsmaschinen." Aber nö. Niemand machte ein Bild davon. Auf dem Schild stand irgendwas von einer Umleitung, oder so. Was ich dann nicht verstehen konnte! Kein Mensch hielt sich an die Umleitung. Alle liefen einfach weiter. Bis auf einmal die ältere Frau anfing zu schimpfen. Sie sagte so komische Sachen wie:" Hier sind ja gar keine roten Schilder mehr." Und: „Wenn das hier so weiter geht, dann werde ich grell! Ich will sofort zurück!" Der Mann sagte dann: „Immer meckerst du nur herum! Wenn ich das gewusst hätte, wäre ich alleine gefahren." So schimpften sie dann eine Weile hin und her. An meinen Frauchen ihrem Gesicht sah ich, das ihr das gar nicht gefiel und ich nannte die beiden heimlich Herr und Frau Griesgram. Frau Griesgram setzte sich dann durch und die beiden kehrten endlich

schimpfend um. „Prima"! dachte ich, „die sind wir los."
Wir zogen dann, nun wieder mit guter Laune, weiter.
Schließlich kamen wir an eine Kreuzung. Irgendwie
beschlich mich nun das Gefühl, das mein Frauchen nicht
mehr weiter wusste. Wir standen unschlüssig herum, als
ein weiteres Ehepaar auf uns zu kam und mein Frauchen
fragte sie nach dem Weg. Oh Schreck, - die hatten sich
auch verlaufen! Gerade als Frauchen sagte, dass wir wohl
besser zu den Häusern laufen sollten, um dort nach dem
Weg zu fragen, kam ein Auto auf uns zu gefahren. Alle
winkten und auch ich wedelte freundlich mit meinem
Schwänzchen, so dass der Fahrer anhielt und uns den
Weg genau erklärte. So liefen wir dann alle gemeinsam
weiter. Das Ehepaar und mein Frauchen plauderten
angeregt miteinander, so das ich ungestört einige Käfer
näher anschauen konnte und an den frischen
Frühlingsblumen herum schnupperte. So gingen wir
bestimmt ne Stunde oder so. Die Sonne schien und es
war richtig schön.
Irgendwann kam dann eine Bank unter einem Baum, der
ganz viele weiße Blüten hatte. Mein Frauchen
verabschiedete sich von dem netten Ehepaar und wir
beide setzten uns hin und machten eine Pause. Wir
hörten den Vögeln um uns herum zu. Die schienen sich
an diesem Tag besonders viel zu erzählen, denn sie
zwitscherten alle durcheinander. Vielleicht freuten sie
sich auch über das herrliche Wetter, denn es war sehr
lange her, das mal so schön die Sonne schien. - Auf
einmal hörten wir Stimmen, die das Vogelgezwitscher
übertönten. „Siehste, ich habs doch gewusst! Da isse
wieder. Man,- aber du wolltest ja unbedingt umkehren.
Nu isse schon ne Weile da und - macht sogar ne Pause!
Ne, ne das nächste Mal fahr ich alleine!" Und: "Ach sei

6

du doch ruhig, sonst werd ich grell!" Ihr denkt euch sicher schon wer da auf uns zukam. Na klar, Herr und Frau Griesgram. Waren die sauer! Eigentlich hätte ich ja schon gern mal gesehen wie die Frau grell geworden wäre. Wisst ihr wie das aussieht? Also ehrlich gesagt, ich habe noch nie gesehen oder davon gehört, wie das ist, wenn man grell wird. Die Griesgrams fragten uns dann noch, ob wir denn keine Lust hätten, ein Stück mit ihnen zu laufen, aber mein Frauchen sagte dankend nein und wir ließen die Beiden an uns vorüber ziehen. Als sie hinter einer Kurve verschwunden waren, gingen wir weiter und ich dachte noch, dass wir nun sicher bald bei dem Einkaufszentrum ankommen würden.

Bald kamen wir an eine Holzhütte, in der man wie in einer Gaststätte etwas essen und trinken kann. Wir bogen dahin ab und ich hatte die Hoffnung, dass sich Frauchen ein Würstchen oder so kauft. Manchmal bekomme ich dann nämlich ein Stückchen davon ab. Das ist dann immer ganz lecker! Leider ging sie aber nur auf die Toilette. - Schade. - Aber wenigstens sah ich dort kurz den schönen Hundejungen wieder und wir beschnupperten uns ne Weile, aber ehe wir uns näher kennen lernen konnten, wollte Frauchen auch schon weiter.

Wir kamen immer tiefer in den Wald hinein. Irgendwann waren wir ganz weit oben auf einem Berg. Wau, wau was für ein Anblick! Ganz, ganz weit kann man da oben sehen. Wisst ihr, da gab es doch vor ein paar Jahren den Kyrell. Das war so ein starker Wind, der viele, viele Bäume umgeworfen hat und da durch kann man nun weit in die Ferne gucken. Da unten sieht man Häuser, die so klein wie Streichholzschachteln aussehen. - Ehrlich, wenn ich es euch doch sage. - Und ganz viel Wald, so weit das Auge reicht. Sieht klasse aus. So ähnlich sieht es bestimmt aus, wenn man, hoch oben aus einem Flugzeug schaut. Trotz dem unglaublich schönen Anblick beschlich mich nun doch ein mulmiges Gefühl. Hier oben sollte ein Einkaufzentrum sein? Ich konnte zumindest weit und breit keines sehen. Und riechen konnte ich es auch nicht. Und ihr könnt mir glauben, Würstchen rieche ich kilometerweit! Hunde können nämlich viel besser riechen als ihr Menschen! So langsam glaubte ich, dass sich mein Frauchen verlaufen hatte. - Na, wenn das mal gut geht. - Hunger bekam ich dann auch noch und wir waren ja noch nicht einkaufen gewesen. Also hatte Frauchen auch noch nichts zum Essen gekauft. Schließlich liefen wir dann immer tiefer in den Wald hinein. Dann kamen wir wieder an eine Holzhütte. Aber dieses Mal gab es dort nichts zu essen und trinken. Einfach nur eine leere Hütte. Und da ging mein Frauchen natürlich rein. -Ein bisschen komisch ist die ja auch, oder? Was wollte die denn da drin? - Sie nahm ihren Rucksack ab und setzte sich seelenruhig auf eine Bank. - Was sollte das denn? - Dann kramte sie in dem Rucksack herum. - Hääh? Wir waren doch noch gar nicht einkaufen! - Aber dann, dann holte die da doch tatsächlich eine Packung Hundefutter heraus. Ich traute meinen Augen kaum! Hähnchenfleisch mit Erbsen und Möhren! - Was die so alles zum Einkaufen mitnimmt! - Ein Butterbrot für sich selbst hatte sie auch dabei. Sie stellte mir das Schälchen mit dem Futter vor die Nase und wir aßen erst mal gemütlich zusammen. - Wuff, tat das gut - Nach der vielen frischen Luft hatte ich ganz schön Hunger, aber nun ging es mir wieder richtig gut und mein Frauchen sah auch ganz zufrieden aus. - Nun aber los Frauchen, - dachte ich - wer weiß wie lange wir

8

noch laufen müssen! - Ich konnte immer noch weit und breit keine Häuser sehen. Mein Frauchen schnallte sich dann auch wieder den Rucksack auf den Rücken und schon ging es weiter.

Endlich kamen wir dann an eine richtige Straße. So eine, auf der Autos fahren. -Hurra, nun sind wir sicher bald da! - dachte ich. Mein Frauchen nahm mich an die Leine. Sicher weil sie Angst hatte, dass ich vor ein Auto laufe. - Mache ich ja gar nicht. Ich bin doch nicht blöd! Na ja, sie hat mich halt lieb und deshalb lasse ich mir das auch gern gefallen. - Sie ist dann auf ein ganz junges Pärchen zugegangen, das dort spazieren ging und hat mit denen irgendwie ganz komisch gesprochen. Ich habe überhaupt nichts davon verstanden. Mein Frauchen hat mir später erklärt, dass die beiden aus den Niederlanden kamen und dass man da eben so komisch spricht. Dann sind wir zu den Beiden ins Auto eingestiegen und ich war ehrlich gesagt froh, mal nicht laufen zu müssen. Ich dachte, nun werden wir zum Einkaufzentrum gefahren.

- Pustekuchen! - Nach wenigen Kilometern hielt das Auto wieder und wir stiegen aus. Mein Frauchen bedankte sich freundlich und die Beiden sagten auch noch ein paar Worte, die ich natürlich nicht verstand, die aber sehr freundlich klangen.

Nun standen wir da, am Straßenrand, in einem kleinen Dorf namens Elleringhausen. Wenige Schritte weiter war ein kleines Hotel, dort standen Stühle draußen und wir nahmen Platz. Frauchen bestellte sich eine Apfelschorle und ich bekam einen Napf mit Wasser. Als dann die Bedienung noch einmal zu uns kam, fragte Frauchen nach einem Zimmer. -Zimmer.....wie, wo, was? Wie? Wir wollen hier schlafen? Na so was! - dachte ich entsetzt. Aber die Bedienung sagte, es sei kein Zimmer mehr frei. So bezahlten wir schließlich und zogen weiter. Durch das ganz Dorf! Frauchen klingelte an einer Tür und fragte wieder nach einem Zimmer, aber da wurde uns wieder gesagt, dass kein Bett mehr frei wäre. – Oh weia, ob wir heute wohl draußen schlafen müssen? - „Es ist doch erst Mai und da werden die Nächte im Sauerland noch ganz schön kalt!" dachte ich müde. Wir liefen noch eine Weile durch das Dorf, um ein Zimmer zu finden und endlich begegnete uns ein Mann mit einem lustigen, strubbeligen Hund. Der Mann schickte uns dann wieder weiter, zu einer Adresse, wo man vielleicht ein Bett bekommen konnte. Und hier hatten wir Glück. Nicht nur ein Bett, eine richtige Wohnung hatten wir nun. Sogar mit Balkon und von da aus konnte man wieder weit gucken. Auf so komische Felsbrocken. Und ein richtiges Himmelbett hatten wir da und eine Küche mit Wohnzimmer und sogar eine Badewanne, in die mein Frauchen auch gleich verschwand. In der Zeit machte ich mir so meine Gedanken: - Ob wir hier wohl nun für immer bleiben? Ich hab mich ja noch nicht mal von meinem kleineren Bruder Henry verabschiedet! Was der nun denkt von mir. Und ob der mich vermisst? Er nervt mich ja schon manchmal, der Zappelphillip, aber so ohne Henry, mhmh, ich weiß nicht, ist schon ein bisschen traurig. Und die Mama von meinem Frauchen und Frauchens Schwester, was die jetzt wohl machen? Ach ja, und die Nervensäge Vanessa! - Das ist die Nichte von meinem Frauchen. - Die macht bescheuerte Sachen mit mir. Manchmal zieht sie mir Pullover von sich an, oder sie setzt mir eine von ihren Mützen auf. Könnt ihr euch vorstellen wie das aussieht? Alle lachen dann, wenn sie mich sehen! Na ja, dafür schiebt sie mir öfter heimlich ein Stück Wurst zu, und dafür lasse ich mir so etwas

10

Albernes mal gerne gefallen.

Oh Frauchen kommt aus dem Bad. Die will nun bestimmt in das schöne Himmelbett. Auf, schnell hinterher, bevor sie die Tür zumacht. Die kann ich nämlich nicht aufmachen und dann muss ich hier auf den kalten Fliesen alleine schlafen. Und schwupp ist sie im Bett. Mal vorsichtig mit den Vorderpfoten ausprobieren, ob die Matratze auch schön weich ist. „Nein, pfui" sagte mein Frauchen. „Hääääh! Soll das etwa heißen ich soll auf den nackigen, kalten Fliesen schlafen? Das darf doch nicht wahr sein! Weit weg von zu Haus und dann auch noch so was!" dachte ich empört. Da musste ich den alt bewährten Trick anwenden. Der geht so: Also. Erst mal in Position setzen. - So. - Nun einmal das Köpfchen leicht nach rechts legen und nun das Gleiche nach links. Dabei meinen berühmt berüchtigten Hundeblick aufsetzen und dabei ganz leise winseln. „Nein", sagte Frauchen; „wir sind hier doch nicht zu Hause!" -Na das weiß ich doch selbst. Och bitte, bitte Frauchen. - bettelte ich. Huch, jetzt steht sie wieder auf. - Was hatte sie denn nun schon wieder vor? - Aha, sie geht noch mal ins Bad. Sie hatte wohl das komische weiße Zeug vergessen, was sie sich abends immer ins Gesicht schmiert. Ach, da ist sie ja schon wieder. - Frauchen hatte ein Handtuch in der Hand. - Volle Deckung! Die will mich bestimmt baden! - Ihr müsst wissen, das mag ich gar nicht und schon gar nicht wo ich gerade so schön nach Wald roch. - Also flitzte ich lieber schnell mal unter die schöne rote Couch, die ich im Wohnzimmer gesehen hatte. - Vielleicht sieht sie mich da nicht. - Frauchen lachte. - Sie hat mich also durchschaut, aber sie kommt gar nicht hinter mir her. Was hat sie denn bloß vor? Sie geht wieder ins Schlafzimmer. Vorsichtig und noch etwas misstrauisch, folgte ich ihr. Aha, sie legt das Handtuch ins Bett. - Dann legte sie sich wieder hinein. „Na dann komm, Erna" sagte sie. Oh, wau, wau das lasse ich mir natürlich nicht zweimal sagen! Und hopp, war ich drin, in dem schönen Himmelbett. Aaah, war das schön kuschelig und warm. Ganz eng drückte ich mich an mein Frauchen unter der Decke. Ganz schön müde war ich und bin dann schnell eingeschlafen. Frauchen auch. Wir waren ja auch mindestens 20 Kilometer gelaufen. Ich noch mehr, denn ich habe, wie das Hunde eben so machen, mir alles rechts und links vom Weg, angeschaut und beschnüffelt.

Zweiter Tag
Am nächsten Morgen stand mein Frauchen ganz schön früh auf. So gegen 6 Uhr. - Nö, - dachte ich, - das ist mir noch viel zu früh – und blieb noch schön in dem kuschelig warmen Bett. Sie ging ins Bad, so wie sie das zu Hause auch immer macht. Zähne putzen, weißes Zeug ins Gesicht, Farbe um die Augen und all so ein Zeug. Eben so Sachen die Menschen morgens und abends machen. Ich will damit nicht sagen dass ich mich nicht wasche, aber bei mir läuft das anders. Und zwar so: Ich springe raus aus dem Bett, dann die Vorderbeine gestreckt, das Gleiche mit den Hinterbeinen. Dann ein bisschen alles abgeleckt, einmal kräftig schütteln, - fertig. Als Frauchen aus dem Bad kam, räumte sie in der Wohnung auf. Wie gesagt, alles wie zu Hause. Die Aufräumerei finde ich total übertrieben. Ihr Menschen räumt immer alles in die Schränke zurück, obwohl ihr doch wissen müsst, dass ihr alles früher oder später doch wieder braucht! Ich sage es ja: -Ein bisschen komisch seid ihr schon. -

- Huch, Frauchen zieht sich die Jacke an und schnallt sich wieder den Rucksack um. Wo will sie denn schon wieder hin? Wir haben doch noch gar nicht gefrühstückt! Halt, ich habe Hunger! Ach so, bestimmt ist in dem Rucksack kein Essen mehr drin und wir müssen erst mal etwas einkaufen. Also schnell raus aus dem Bett, für waschen ist jetzt keine Zeit mehr, also nur schnell mal schütteln und ab geht es. Da kann ich mir gleich mal mein neues Zuhause näher ansehen. -

Draußen schien schon wieder die Sonne. Also marschierten wir gut gelaunt los. - Ich dachte gerade, dass ich sicher, der Autos wegen, wieder an die Leine muss, denn ich hörte unten in Elleringhausen welche fahren. Aber nein, mein Frauchen lief schon wieder in die falsche Richtung! Nicht runter ins Dorf, nein, Richtung Wald! Hatte sie denn von gestern gar nicht gelernt? Da oben im Wald gibt es doch bestimmt wieder keine Geschäfte. - Natürlich lief ich hinter ihr her. Schließlich konnte ich sie ja nicht alleine lassen. - Boooh, ging das dort steil nach oben. Mein Frauchen hatte schon einen roten Kopf und prusten tat sie auch ganz schön! Hätte es ja auch einfacher haben können. Ins Dorf herunter wäre es nur Berg ab gegangen. -

Oben angekommen liefen wir dann in Richtung der riesigen Steine. - Mir wurde schon wieder mulmig im Magen, denn ich hatte Hunger und glaubte nicht, dass es da oben etwas zu essen gab. - So liefen wir dann eine ganze Weile. Die Steine wurden immer größer, da wir immer näher auf sie zu liefen. Für die schönen Ausblicke hatte ich keinen Blick, denn ich wollte einfach nur etwas zu essen. Zum Glück kam immer mal wieder eine Pfütze, da konnte ich wenigstens meinen Durst löschen. Dann kamen wir auf einmal an ein Haus. Nach einem richtigen

Geschäft sah das aber nicht aus. Mein Frauchen nahm mich an die Leine und band mich draußen an einer Bank an. - Aha, wieder so ein Laden, in den Hunde nicht rein dürfen. Auch so eine blöde Erfindung von euch Menschen. - Dann hörte ich, wie Frauchen nach Frühstück fragte, aber Frühstück gab es dort nicht. - Oje! Wir müssen verhungern! - dachte ich. Aber dann sagte die Tante aus dem Laden etwas von Apfelkuchen und Kaffee. - Ja, ja, ja! Apfelkuchen! Den Kaffee kannst du behalten! - Ich wedelte freundlich mit dem Schwänzchen und setze schnell meinen liebsten Hundeblick auf, damit die Tante auf mich aufmerksam wurde. Mein Frauchen kam raus und setzte sich zu mir auf die Bank. Kurz darauf brachte uns die Tante den Apfelkuchen und Kaffee. - Klasse Frauchen, du den Kaffee und den Apfelkuchen teilen wir uns. - Ich versuchte auf die Bank zu springen. „Nein, pfui!" sagte Frauchen. - Wie pfui, Apelkuchen ist doch nicht pfui, der ist lecker! Ich weiß, der ist nicht so gesund für Hunde, aber ich habe doch Hunger und da kannst du doch mal ein Auge zudrücken! - Ich versuchte es mal wieder mit meinem Hundeblick, aber die schaute mich noch nicht einmal an! Unverschämt, wo ich doch so einen Hunger hatte! Beleidigt legte ich mich auf den Boden und schaute mein Frauchen nicht mehr an. So konnte ich auch nicht sehen, das Frauchen in ihrem Rucksack herum suchte. Da hatte sie doch noch ein Päckchen Hundefutter drin. Sie holte es heraus und stellte es zu mir auf den Boden. Man, habe ich mich gefreut und ein bisschen geschämt habe ich mich auch! Hatte ich doch gedacht, mein Frauchen hätte mich hungern lassen. Dabei hat sie das doch noch nie gemacht. Hätte mir eigentlich denken können, das sie mich nicht vergisst.

14

Sie verspeiste dann auch genüsslich ihren Apfelkuchen, obwohl sie das sonst morgens nie macht. Apfelkuchen essen.

Frisch gestärkt liefen wir dann weiter. Zu unserer Wohnung nach Elleringhausen liefen wir nicht zurück. Ich freute mich darüber, denn eigentlich wollte ich doch lieber wieder zu unserer Familie zurück. Ich gebe es ja nicht gerne zu, aber ich vermisste Henry, meinen Bruder, und all die anderen doch ganz schön. An den Bruchhäuser Steinen waren wir nun schon vorbei gelaufen und ich hatte nichts von einem Einkaufzentrum gesehen. So langsam begrub ich den Gedanken daran, wir schienen irgendwie daran vorbei gelaufen zu sein. Egal, ich wollte nun einfach nur noch nach Hause. Da gibt es ja auch genug Geschäfte. Also genoss ich nun einfach das schöne Wetter und die Landschaft. Ab und zu überholten uns andere Menschen, die auch Rucksäcke auf dem Rücken hatten. Die schienen sich auch verlaufen zu haben. Ich genoss den Spaziergang, denn ich war mir sicher dass wir spätestens abends wieder zu Hause waren. Wir waren nun ganz weit oben auf einem Berg und konnten oft wieder herrlich weit sehen. Das war schon toll. Mein Frauchen hatte sich eine Flasche Wasser mitgenommen und ich fand immer mal eine Pfütze, an der ich trinken konnte. Immer wieder holte Frauchen ihre Fotomaschine aus der Jackentasche und knipste. Einmal kam ein Jäger mit dem Auto angefahren, hielt an und sie unterhielt sich mit ihm. Sie hätte ihn ja ruhig mal nach dem Weg nach Hause fragen können, aber nein, sie dachte wohl immer noch, dass sie alleine nach Hause findet. Oder wir hätten wenigstens ein Stück mit dem Jäger fahren können. Aber nein, sie fragte ihn nicht. Mir macht das ja nicht so viel aus zu laufen, aber mein

Frauchen ist das doch gar nicht gewohnt, so viel laufen - und so gingen wir alleine weiter.

- Na gut, - dachte ich, - wird schon gut gehen. - Ich schnupperte so vor mich hin, da hörte ich auf einmal ein Knacken in Gebüsch. Ich blieb wie angewurzelt stehen und sah mich um, was das wohl war. Frauchen schien nichts davon zu merken, denn sie ging einfach weiter. Sie kann halt nicht so gut hören wie ich. Auf einmal kam, direkt vor unseren Füßen, ein Reh über den Weg! – Juchu! - dachte ich. - Hallo, hallo spiel mit mir. - Ich spurtete los. Mein Frauchen schrie: "Erna aus! Pfui! Komm sofort hier her! Aber schnell!" Boh, war die sauer! Ich weiß gar nicht, was die hatte. Ich wollte doch nur spielen, die gönnte mir aber auch gar nichts. Ich zog also die Bremse und trottete gemütlich zurück. Frauchen schimpfte immer noch und deshalb ließ ich mir besonders viel Zeit. Ich hoffte, dass sie sich beruhigt hatte, wenn ich bei ihr angekommen war. Bei ihr, nahm sie mich sofort an die Leine. Und das mitten im Wald! Da darf ich doch immer ohne Leine laufen. Was hatte ich denn so Schlimmes getan? Hatte sie etwa Angst dass ich sie alleine lasse und weglaufe? Das würde ich doch nie tun! Ich war doch keine 100 Meter von ihr weg gelaufen. Oder, oder dachte sie, dass ich das Reh fangen und essen wollte? Ich habe nämlich mal gehört, dass es Hunde gibt, die so etwas machen, aber ich dachte immer, das sei ein Gerücht! Ob das wohl doch nicht nur ein Gerücht ist? Ich weiß es nicht. Iiiiih, igitt, igitt wenn ich mir das nur vorstelle! Bah, bah lauter Haare zwischen den Zähnen! Brrrrr..was mein Frauchen nur von mir denkt, ne ne. Inzwischen waren wir ein gutes Stück gelaufen und sie machte mich wieder von der Leine ab. Sie ermahnte mich noch einmal schön lieb zu sein. - Dann laufe ich eben das nächste Mal nicht mehr hinter einem Reh her, - dachte ich.

Ich sah, dass sie ihre Wasserflasche leer hatte und sie sah auch schon etwas durstig aus, aber es war keine Gaststätte in der Nähe und auch keine Quelle in Sicht, an der sie sich ihre Flasche auffüllen konnte. - Na das kann ja was werden, - dachte ich. Ich fand immer noch überall Pfützen, an denen ich trinken konnte. Meinem Frauchen schien dieses Wasser nicht zu schmecken. Verstehe ich gar nicht. Ich finde das lecker. Manchmal ist das Wasser in einer Pfütze schön warm, da die Pfütze in der Sonne ist. Oder es schmeckt lecker abgestanden, da das Wasser eben schon lange in der Pfütze ist. Erwachsene Menschen trinken doch auch ganz alten Wein und finden das lecker. Mhmmm oder wenn das Wasser etwas nach Moos schmeckt, auch lecker. Oder schön kühl, eine Pfütze im Schatten. Da kann man sich als Hund auch mal zum abkühlen hinein legen. Toll wenn die Sonne scheint, da ist man nachher so richtig frisch. Allerdings findet das mein Frauchen nicht so gut. Auch so was, was ich nicht verstehe. Na, ist ja auch egal, ich muß ja auch nicht immer alles verstehen.

So liefen wir immer weiter oben auf dem Berg. Manchmal setzte sich mein Frauchen hin und schaute sich ein großes Blatt Papier an. Auf dem Blatt waren nur Linien. Eine davon war dick und rot und ging über das ganze Blatt hinaus. Keine Ahnung was das zu bedeuten hatte. Ich jedenfalls konnte darauf gar nichts erkennen. Nun war die Flasche mit Wasser schon lange leer und mein Frauchen sah so aus, als ob sie viel Durst hatte. Leider gab es da nirgends etwas zu trinken. Keine Quelle und schon gar kein Geschäft. So langsam machte ich mir Gedanken wie das weitergehen sollte. Wir gingen nun schon länger ständig den Berg hinunter und wenigstens prustete Frauchen nicht mehr so rum. Auf einmal hörten wir Stimmen! - Wer das wohl sein wird, so mitten im Wald? Es mussten eine Menge Menschen sein, denn ich konnte viele Stimmen hören. - Als wir dann um eine Kurve kamen, sahen wir ein großes rotes Auto. - Was ist denn da wohl los? - Ich konnte nun sehen dass es sich um ein Feuerwehrauto handelte, was da mitten im Wald stand. - Ob es wohl irgendwo brennt? - Sehen und riechen konnte ich jedenfalls nichts. - Muss weiter weg sein. - Wir liefen schnurstracks auf das Auto zu und sahen, dass dort eine Truppe Männer, gemütlich auf Bänken neben dem Feuerwehrauto saßen. Sie hatten viele Kisten mit Bier und anderen Getränken um sich herum stehen. Mein Frauchen fragte, ob sie etwas von dem Mineralwasser für ihre Flasche bekommen konnte. Die Männer lachten und sagten, dass sie ein ganzes Auto voll Wasser dabei hätten, da es ja ein Feuerwehrauto sei. Natürlich machten sie sich nur einen Spaß mit ihr und drückten ihr sofort eine Flasche Bier in die Hand. Bier! Stellt euch das mal vor, als ob wir uns nicht schon genug verlaufen hätten! Nun trank sie auch noch Bier, mitten im Wald! - Na, wenn das mal gut geht. - Die Männer erzählten dann noch, dass sie aus Bruchhausen kämen und ihre Feuerwehr einen Wandertag hätte. Über den Weg zu uns nach Hause wurde natürlich mal wieder kein Wort gesprochen. Viel blablabla...alles Dinge, die eine Hündin wie mich überhaupt nicht interessieren. Einer der Männer füllte dann doch meinem Frauchen ihre Wasserflasche auf und ich bekam sogar Wasser aus dem Feuerwehrauto! Als wir uns dann eine Zeit lang ausgeruht hatten, machte mein Frauchen noch ein paar Bilder mit ihrer Fotoknipsmaschine, wir verabschiedeten

18

uns und zogen weiter. Ab und zu begegneten wir noch einigen Menschen mit Rucksäcken und manchmal überholten wir auch welche, die den gleichen Weg gingen wie wir. Irgendwann kamen wir dann mal wieder an eine Holzhütte. Dort trafen wir einen Mann, der uns erzählte, dass in Küstelberg Schützenfest sei. - Aha, dann gehen wir also heute Abend auf Schützenfest, - dachte ich. Als wir dann endlich in Küstelberg ankamen, fragte mein Frauchen schon wieder nach einem Zimmer für die Nacht! Wir hatten uns also noch viel mehr verlaufen als ich gedacht hatte! Wir kamen in einer kleinen Pension unter. Mein Frauchen duschte ganz schnell und wir gingen dann tatsächlich noch auf das Schützenfest in Küstelberg. Dort aß sie noch eine große Bratwurst, von der ich ein ordentliches Stück ab bekam. Na das hatte ich mir aber auch verdient, denn wir hatten bestimmt wieder um die 20 Kilometer gelaufen.
Mein Frauchen musste ganz schön müde sein, denn wir verließen schon bald das Schützenfest und liefen zurück in unsere Pension. Wir gingen sofort zu Bett. Ihr kennt ja schon meinen Trick, wie ich es schaffe zu meinem Frauchen ins Bett zu kommen. Und es funktionierte mal wieder wunderbar! Ach tat das gut, nach so einem langen Marsch in dem kuschelig warmen Bett bei meinem Frauchen zu liegen und so schliefen wir dann schon bald ein.

Dritter Tag
Am nächsten Morgen wurden wir von einem uns gut bekannten Geräusch geweckt. Es muhte ganz laut. - Aha, - dachte ich, - es wohnen also auch Kühe hier im Haus. Die rufen nach ihren Menschen, da sie etwas zu essen haben wollen. - Einen Moment bekam ich etwas

Heimweh, da ich mal wieder an Henry und den Rest der Familie dachte. Sogar an unsere Kühe dachte ich, mit denen ich manchmal im Sommer, bei uns hinterm Haus, kriegen spiele.

So mitten in meinen Gedanken sagte mein Frauchen etwas von Frühstück und schon hatte ich mein Heimweh vergessen, denn ich hatte mal wieder Hunger. - Hurra, wir bekamen also Frühstück im Haus und mussten nicht erst stundenlang herum laufen und etwas zum essen suchen. - Und wie lecker das Frühstück war! Wurst, Käse alles da. Ich legte mich unter den Tisch und mein Frauchen gab mir einige Taler Wurst. Was für ein Leben! Das macht sie zu Hause nie. Da kann ich noch so lange betteln und schöne Augen machen, nichts zu machen. Sie sagt dann immer, dass sei nicht gesund für mich und so was. Da kann man nichts machen! Das Hundefutter, das sie immer extra für mich kauft, ist natürlich auch sehr lecker. Manchmal wenn mein Frauchen nicht da ist, oder mal gerade nicht hinsieht kriege ich von der Mama meines Frauchen heimlich ein Stück Wurst oder Käse. Klasse, oder? Aber das ist ein Geheimnis und ihr dürft das auf keinen Fall verraten!

Als wir fertig mit dem Frühstück waren, gingen wir zurück auf unser Zimmer. Mein Frauchen räumte mal wieder auf und ich langweilte mich ein bisschen. Als sie endlich fertig war, band sie mal wieder ihren Rucksack auf den Rücken und füllte noch schnell ihre Wasserflasche auf. Dann gingen wir zur Tür. Frauchen drückte die Klinke runter und oh Schreck, nichts passierte! - Hat uns etwa jemand eingesperrt? - Frauchen wackelte an der Klinke herum, nichts! Sie drehte den Schlüssel im Schloss herum, nichts! - Sollen wir nun immer in diesem Zimmer bleiben? Schrecklich!

Dann lasse ich mir doch lieber von Vanessa, der Nichte meines Frauchens, diese albernen Hüte aufsetzen, oder die blöden Pullover anziehen! Ich will doch nicht den Rest meines Lebens hier, auf diesem Zimmer bleiben! Ich will nach Hause!! - Mein Frauchen blieb irgendwie ganz cool. Sie machte das Fenster auf und sprach mit irgendjemand. Leider konnte ich überhaupt nichts sehen, denn ich bin viel zu klein, um aus dem Fenster zu sehen. - Nun schmeißt sie auch noch den Schlüssel aus dem Fenster! Ist die denn ganz von Sinnen? - Frauchen setzte sich seelenruhig auf einen Stuhl und schaute aus dem Fenster. Auf einmal hörte ich Schritte auf dem Flur und jemand machte sich mit einem Schlüssel an unserer Tür zu schaffen. Ich stellte mein Rückenhaar nach oben, damit ich ein wenig größer aussah und knurrte so laut ich nur konnte! „Sei lieb, Erna" sagte mein Frauchen. - Na die hat gut reden. Wer weiß, wer auf der anderen Seite der Tür ist? Ich muß sie doch beschützen! - Und nun ratet mal, wer uns da die Tür auf machte? Die Frau, die uns das leckere Frühstück gemacht hatte! Ihr glaubt gar nicht wie peinlich mir das war! Schnell versuchte ich mein Rückenhaar wieder glatt zu kriegen und ich wedelte die Frau sofort freundlich an. Sie lachte uns an und sagte uns, dass die Tür manchmal klemmt und sie unbedingt einmal einem Schreiner bestellen müsste, der sie repariert. Wir verabschiedeten uns schnell und ich war darüber sehr froh, denn die Sache war mir etwas peinlich.
Ich wunderte mich nun nicht mehr, dass wir wieder direkt auf den Wald zu liefen. Mein Frauchen schien zu glauben, dass dies der kürzeste und sicherste Weg nach Hause wäre. Ich war mir da nicht so sicher, aber mich fragte ja keiner! Schnell waren wir wieder mitten im

Wald. Wir machten immer mal wieder auf einer Bank, wo man besonders weit gucken konnte, Pause und genossen dort die Aussicht. Die Sonne schien, so wie die Tage zuvor und es war für den Monat Mai richtig schön warm.

Irgendwann zauberte mein Frauchen mal wieder ein Schälchen Hundefutter aus ihrem Rucksack und hatte für sich auch ein paar Butterbrote dabei. Weiß der Kuckuck, wo sie das Essen immer her hatte. Sie holte auch, wie die Tage zuvor, ihre Fotoknipsmaschine heraus und machte wieder viele Bilder damit. Einmal machte Frauchen sogar ein Bild von Schuhen die einfach so im Wald an einem Baum hingen. - Warum sie das gemacht hat? Keine Ahnung! - Ich fragte mich, wem die Schuhe gehört hatten und warum Er oder Sie die wohl mitten im Wald an einen Baum gehängt hatte? Und wo war er nun geblieben, dieser Mensch? Ob er wohl ohne Schuhe nach Hause gelaufen war? Oder lebt immer noch irgendwo im Wald?

So liefen wir wieder so vor uns hin. Ich schnüffelte hier und da herum und suchte nach leckeren Pfützen. Ab und zu machten wir mal eine Pause und in dem Rucksack meines Frauchens war immer noch genug Essen für uns Beide. Dann, ich hatte es gar nicht so richtig bemerkt, waren wir mitten in einem kleinen Städtchen.

Jüppii yeya, hier kannte ich mich aus! Wir waren in Winterberg! Mein Frauchen und ich kaufen dort manchmal ein und ab und zu gehen wir da auch in ein Cafe. Das weiß ich so genau, weil da die Tante, die meinem Frauchen dort den Kaffee bringt, immer ein ganz doll leckeres Plätzchen für mich hat. Als wir mitten im Ort waren, band mein Frauchen mich auf einmal an einer Straßenlaterne an. Ihr könnt euch nicht vorstellen

wie sehr ich da erschrak! Ich habe mal gehört, dass ein
Hund an solch einer Laterne vergessen worden war!
Mein Frauchen ging dann nämlich weg und das ganz
schön weit! Ich konnte sie nicht mehr sehen! Ich gebe es
ja nicht gerne zu, aber da habe ich geweint. So laut ich
nur konnte! Die Menschen dort haben mich vielleicht
angeschaut und einige meiner Kolleginnen und Kollegen
auch. Aber das war mir in dem Moment völlig egal! Ich
wollte dass mein Frauchen mich hört, damit sie mich ja
nicht vergaß! Wau, war das schrecklich. Ich dachte sie
kommt nie mehr wieder. Nach einer Weile sah ich sie auf
einmal um die Ecke kommen. Sofort hörte ich auf zu
heulen und tat so, als ob ich gar nicht bemerkt hätte, dass
mein Frauchen weg gewesen war. Ich wollte doch nicht,
das sie denkt ich sei eine Heulsuse! Doch die Tante
gegenüber, die in der Eisdiele arbeitet, rief meinem
Frauchen zu: "Isse gute dasse sie zurucke komen. Ihre
Hunchen hatte furchbare gweint!" „Echt?" fragte mein
Frauchen „ Ich war doch höchstens fünf Minuten weg".
Man ay, mein Frauchen hätte gar nichts gemerkt, wenn
die Eisdielentante nicht gepetzt hätte. - Alte Petzte,
Blöde! - Dann sah ich auch noch, wie mein Frauchen
zwei Packungen Hundefutter in ihren Rucksack stopfte.
So war sie auch noch wegen mir so weit weg gegangen,
um für mich Hundefutter zu kaufen. Na ja egal, ich war
jedenfalls sehr glücklich wieder bei meinem Frauchen zu
sein.
So gingen wir dann mitten durch Winterberg, den
Waltenberg hinauf, an den vielen Geschäften vorbei.
Heimlich sah und roch ich mich um, ob ich nicht Henry
oder Vanessa, oder irgendjemanden fand, den ich kannte.
Leider konnte ich aber niemanden entdecken. Mein
Frauchen sah sich überhaupt nicht, wie sie das sonst

immer tut, die Schaufenster an. Trotzdem sah sie sich immer irgendwie suchend um. - Wonach sucht sie nur? - Dann sah ich, dass auch hier überall diese roten Schilder waren, die ich dauernd auch schon im Wald gesehen hatte. - Ob die etwas mit dem Weg nach Hause zu tun haben? - Mhm. Ich nahm mir vor, doch mal weiter darauf zu achten. Die Häuser wurden immer weniger und nach einiger Zeit waren wir wieder im Wald. Dort durfte ich endlich wieder ohne Leine herumlaufen. Wir wanderten hoch auf den Kahlen Asten. Dort gibt es eine Wetterstation mit einem Turm. In den Turm kann man hinein gehen und mit dem Aufzug bis nach oben fahren. Natürlich kann man auch viele, viele Treppenstufen nach oben laufen, aber ich finde Aufzug fahren toll. Oben vom Turm hat man auch wieder einen prima Ausblick. Mein Frauchen hatte aber scheinbar keine Lust hinauf zu gehen. Wir waren ja auch schon öfter da und kannten das alles schon. Also suchten wir uns eine von den super bequemen Liegen aus Holz, die da überall herum stehen, aus und genossen dort die Sonne.

Irgendwann zogen wir dann weiter. Ab Kahler Asten ging es immer ein wenig den Berg hinunter. Für mein Frauchen war das glaube ich sehr gut, denn sie prustete fast überhaupt nicht und hatte auch keinen roten Kopf. Ab und zu sah ich die roten Schilder auf unserem Weg. Sie schienen doch irgendetwas zu bedeuten. - Wenn ich nur wüsste was! -

Schließlich kamen wir in ein Dorf, das Langewiese heißt. Gleich den ersten Menschen den mein Frauchen auf der Straße traf, fragte sie nach einer bestimmten Adresse. - Aha, hier kennt sie also jemanden, - dachte ich. Ich war schon sehr gespannt wer das wohl sein konnte. Nach kurzer Zeit, schien Frauchen die gesucht Adresse gefunden zu haben, denn sie ging zielstrebig auf ein Haus zu und klingelte dort. Erwartungsvoll stand ich vor der Tür. Die ging auf und eine mir wildfremde Frau stand da. Und ich dachte ich höre nicht richtig. Mein Frauchen fragte diese Frau nach einem Zimmer! Nun wusste ich, dass wir an diesem Tag immer noch nicht nach Hause kamen. Die Frau, bei der wir in Küstelberg geschlafen hatten, war die Schwägerin von der hier in Langewiese. - Soso, dann hatte die aus Küstelberg uns also hier her geschickt. - Hoffentlich hat sie nichts davon erzählt, das ich sie heute Morgen angeknurrt habe! - Ich nahm mir vor, mich bei ihr besonders gut zu benehmen, wedelte sie freundlich an und ließ mich von ihr geduldig streicheln. Später gingen wir noch in einem schickes Restaurant essen und gleich darauf in unsere Pension zurück. Dort hatten wir einen Balkon an unserem Zimmer, den ich mir auch schnell mal genauer ansah. Frauchen kam auch nach draußen und setzte sich zu mir auf den Balkon und hatte auf einmal ihre Mundharmonika in der Hand. - Was ist denn da noch alles in ihrem Rucksack? - dachte ich. Sofort fing sie an, auf ihrer Mundharmonika zu spielen. Neben dem Nachbarhaus saßen auch noch einige Menschen in der Sonne und auf einmal fingen die zu der Melodie, die mein Frauchen spielte, zu singen an. War das schön. Ach, ging es mir gut. Den Bauch voll, Sonne, leise Musik und den ganzen Tag frische Luft gehabt. Allerdings hatte mich die frische Luft und das viele Laufen müde gemacht, nun noch die Musik und schon war ich eingeschlafen. Plötzlich wurde ich fröstelnd wach und sah, dass mein Frauchen nicht mehr da war. Ein bisschen erschrocken und noch verschlafen sah ich mich um. Dann sah ich die offene Balkontür, durch die ich mich leise schlich. Nun sah ich, dass mein Frauchen schon schlafend im Bett lag. Sie hatte mich draußen schlafen lassen und extra für mich die Tür aufgelassen. Leise sprang ich ins Bett und kuschelte mich schnell unter die Decke. Sofort schlief ich wieder tief und fest ein.

Vierter Tag

Am nächsten Morgen standen wir wieder sehr früh auf. Nachdem mein Frauchen aus dem Bad kam und ihren Rucksack wieder eingepackt hatte, gingen wir hinter die Pension, in der wir geschlafen hatten. Dort ist eine große Wiese. Ich erledigte erst einmal meine „Geschäfte" und lief noch schnell hinter einigen schönen Schmetterlingen her. Die schienen sich über das schöne Wetter zu freuen, denn sie flogen lustig umher und setzten sich manchmal auf eine Butterblume, um sich ein wenig auszuruhen. Als ich eine Weile herum getollt hatte, gingen wir wieder ins Haus zurück und dort gab es wieder ein leckeres Frühstück. Als wir satt waren, kramte mein Frauchen, wie ich es nun schon öfter bei ihr gesehen hatte, dieses große Blatt Papier mit den vielen Linien, aus ihrem Rucksack und sah es sich an. Irgendwie schien dieses Blatt wichtig für unseren Weg nach Hause zu sein und mit den roten Schildern, die wir immer wieder sahen, etwas zu tun zu haben. Nachdem wir uns verabschiedet hatten zogen wir wieder weiter.

Wir liefen zunächst über schöne saftig grüne Wiesen hoch oben auf einen Berg. Dabei wanderten wir an einer Hütte, in der man essen und trinken konnte, vorbei, aber wir waren ja noch von unserem Frühstück satt und machten dort nicht halt und bald waren wir wieder mitten im Wald. Wie ich es nun schon gewohnt war, holte mein Frauchen ihre Fotoknipsmaschine hervor und machte Bilder von den herrlichen Landschaften die wir auch an diesem Tag sahen. Dann kamen wir an „Hoheleye" und am „Albrechtsplatz" vorbei. Orte an denen ich schon öfter mit meinem Frauchen zum Spazierengehen war und so wusste ich, dass wir ganz in der Nähe von unserem Zuhause sein mussten! Ich freute mich schon darauf, bald meinen Bruder und den Rest unserer Familie zu sehen, doch schon bald fand ich nichts mehr, was mir irgendwie bekannt vorkam. Nur diese blöden roten Schilder sah ich immer mal wieder. Irgendeinen Weg schienen sie schon zu zeigen, nur nach Hause führte er uns nicht! Ich hoffte nun sehr, dass mein Frauchen wusste was sie tat. - Oder will sie etwa gar nicht mehr nach Hause? - Wieder einmal überkam mich Heimweh! So mitten in meinen Gedanken, holte sie schon wieder ihre Fotoknipsmaschine heraus und machte mal wieder ein Bild. Dieses mal von einem kleinen Erdhügel. Häääää? - Was soll denn das nun schon wieder? Was ist denn so besonders an diesem kleinen Erdhügel!? - Na den musste ich mir doch mal näher ansehen. Also nichts wie hin! Ich hielt meine Nase ganz nah heran, aber ich konnte nichts Besonderes riechen und auf den ersten Blick auch nichts sehen. Auf einmal kitzelte es furchtbar auf meiner Nase. Gerade wollte ich mit meiner Zunge über die Nase wischen, da sah ich so ein kleines Ding! Eine Meise, neee Ameise, mitten auf meiner Nase! Ich musste richtig schielen, um das kleine Ding auf meiner Nase sitzen zu sehen! Oh, wie das kitzelte! Gerade wollte ich die Ameise mit meiner Zunge von der Nase stupsen, da sehe ich, wie sie den Popo runter macht. - Na, sie wird doch nicht..........! - Und schon war es passiert Die hatte wohl ne Meise, die Ameise! Da hatte sie doch mitten auf meiner Nasenspitze Pippi gemacht! Igitt, igitt, pfui, pfui und wie das juckte. - Unverschämtheit! - Und was machte mein Frauchen? Die lachte auch noch! „Selbst Schuld, Erna", sagte sie „Du musst ja auch immer so neugierig sein!" - Na, die hat gut lachen, ihr ist das ja auch nicht passiert! - Hätte mich ja wenigstens warnen können! Immer noch neugierig, sah ich mir den Erdhügel vorsichtig näher an. - Und da sah ich sie. - Tausende von diesen kleinen Ameisen liefen aufgeregt auf dem Hügel hin und her! Mein Frauchen erklärte mir, dass in dem Hügel ein ganzer Staat von diesen Ameisen lebt. Mit einer Königin und vielen Ameiseneiern, aus denen dann wieder kleine Ameisen schlüpfen. Bestimmt eine Millionen, oder noch mehr! Dann sagte sie, dass die Ameisen Angst vor mir hätten und deshalb so aufgeregt wären und ich solle besser da weg gehen. Aus den Augenwinkeln, sah ich einige hundert Ameisen wie Soldaten auf mich zu marschieren. Meine Nase juckte immer noch und der Gedanke, dass die Ameisen alle vor Angst auf mir Pippi machten, war mir dann schon etwas unheimlich. Ich ging ein paar Schritte von dem Hügel weg und da die Ameisen sehr klein sind und auch sehr kurze Beine haben, war ich schnell für sie nicht mehr erreichbar.

Kurz darauf zogen wir dann weiter. Ab und zu begegneten wir wieder Menschen mit Rucksäcken und manchmal liefen wir auch ein Stück mit ihnen zusammen. Manchmal zogen sie in eine andere Richtung und wir verabschiedeten uns von ihnen. Dann erzählte uns ein Mann, dass es nun nicht mehr weit zu einer Skulptur wäre. - Was ist denn eine Skulptur? Keine Ahnung! - Aber ich freute mich schon sehr darauf, denn ich dachte, dass es dort bestimmt wieder etwas zu essen gab, denn ich hatte wie immer, schon wieder Hunger.

An diesem Tag kamen wir nicht so schnell voran, denn es lagen einige Fichten auf unserem Weg, über die wir klettern mussten. Für mich war das ja kein Problem, aber mein Frauchen hatte schon etwas Schwierigkeiten über die Fichten zu klettern. Es schien sie anzustrengen, denn sie hatte mal wieder einen roten Kopf und schwitzte noch dazu. Also machten wir öfter mal eine Pause und sie trank immer wieder aus ihrer Wasserflasche. In einem Tal angelangt, kamen wir zu einer gemütlichen Gaststätte. Dort gingen wir hinein. Frauchen bestellte sich etwas zu trinken und einen großen Eisbecher und ich bekam einen Napf mit Wasser. Heimlich steckte sie mir eine Waffel mit ganz viel Eis unter dem Tisch zu. So etwas bekomme ich nur sehr selten. Eigentlich nur wenn ich besonders lieb gewesen bin. Frauchen hat nämlich Angst, dass ich zuviel Süßes esse und davon schlechte Zähne bekomme. Das ist genau wie bei euch Menschen, sicher sagen das eure Eltern auch oft zu euch. Manchmal putzt sie mir sogar die Zähne! Das find ich sehr ekelig, aber Frauchen sagt dann, dass es sein müsste, damit ich keine Karies bekomme. Na ja, ich lasse mir das denn auch gefallen, denn ich finde das immer noch besser, als wenn ich irgendwann zum Zahnarzt muss und der mir dann an meinen Zähnen herum bohrt.

Frauchen unterhielt sich noch eine Weile mit der Gastwirtin und fragte sie unter anderem, ob der Weg zu den Skulpturen schwierig wäre. Die Wirtin erklärte uns, dass wir nun den schönsten Teil des Weges vor uns hätten. Es ginge fast nur den Berg hinunter oder gerade über. Darüber freute sich Frauchen sehr, denn sie war schon etwas müde. Als wir die Gaststätte verließen, sahen wir, dass es dort noch ein kleines Museum gab. Leider hatte es aber noch zu, da es noch früh am Morgen war und um diese Zeit noch nicht viele Gäste vorbei kamen. So gingen wir dann gleich weiter und waren schnell wieder mitten im Wald. Dort ging es dann auf einmal steil den Berg hinauf. Frauchen hatte mal wieder schnell einen roten Kopf und so sehr prusten hatte ich sie noch nie gehört. Dauernd blieb sie stehen, um nach Luft zu schnappen. Das war aber auch steil und außerdem war es auch sehr warm. Wuff, wie Frauchen dann schimpfte! Gut dass sie niemand hörte, denn es war keiner um uns herum zu sehen und zu hören. Sie schimpfte über die Gastwirtin! Sie wäre diesen Weg selbst wohl noch nie gegangen und außerdem hätte sie auf unserem Weg die Tage zuvor, schon viel schönere Landschaften gesehen. Dann sagte sie noch einige Dinge, die ich hier lieber nicht wiederholen möchte. Auf jeden Fall war sie ganz schön wütend und ich trottete mal lieber brav neben ihr her, damit sie nicht auch noch mit mir schimpfte. Als wir dann endlich oben waren und es dann wieder abwärts ging, beruhigte sie sich dann aber schnell wieder. Ich entspannte mich auch wieder und schnupperte nun wieder ein wenig rechts und links vom Weg herum. Plötzlich sahen wir dann die Hängebrücke. Wau, war die lang! Wir sahen ein paar Menschen zu, die gerade über die Brücke gingen. Huch, die wackelte vielleicht! - Hoffentlich fällt da niemand runter, - dachte ich, doch die Menschen kamen fröhlich lachend auf uns zu und sagten zu uns, wir müssten das unbedingt auch mal ausprobieren. Frauchen erzählte ihnen aber, das sie mit mir nicht darüber gehen wollte, weil sie glaubte dass ich bestimmt Angst habe, auf so einer großen und langen Hängebrücke. - Ich, Erna Angst! Das ich nicht lache. Ich habe doch keine Angst! Was die schon wieder von mir denkt. Wahrscheinlich hat sie selber Angst über die

Brücke zu gehen! - Doch als wir dann neben der Brücke weiter liefen, war ich doch froh, nicht über sie gehen zu müssen. Aber nicht das ihr nun denkt, das ich ein feiger Hund bin! Ich bin nicht feige! Ich hatte nur Angst, dass vielleicht Frauchen nicht aufpasst und da hinunter fällt. Na und ein kleines bisschen hatte ich auch Angst um mich, aber nur ein winzig, klitzekleines bisschen. Wirklich, das könnt ihr mir glauben!
So gingen wir dann noch ein ganzes Stück des Weges. Ich dachte gerade drüber nach, was wir so alles die letzten Tage erlebt hatten, als mein Frauchen auf einmal, so mitten in meine Gedanken sagte: „Ah, da ist sie ja." - Was denn? - Ich sah nichts Besonderes. Nur einige Türrahmen, bei denen man die Türen vergessen hatte! Das fand ich allerdings seltsam, so mitten im Wald. Von einem Haus oder so was konnte ich nichts entdecken. Frauchen erklärte mir, das es sich bei dem was wir dort sahen, um eine Skulptur handele. - Aha, das war also eine Skulptur. - Sie erzählte mir dann noch, dass dies ein Kunstwerk sei. Der Künstler heißt Ansgar Nierhof und wäre auf der ganzen Welt bekannt. Das Kunstwerk symbolisiert die geöffneten Tore zwischen Sauerland und Wittgenstein. Die Skulptur heißt übrigens: „Kein leichtes Spiel." So richtig verstanden habe ich das alles nicht, aber meinem Frauchen schien es dort sehr zu gefallen. Als sie sich alles von allen Seiten angesehen hatte, gingen wir weiter. Kurz darauf kamen wir wieder an einer Skulptur vorbei. Dieses Mal sei der Name des Künstlers Nils Udo, erzählte mir Frauchen und ich hörte ihr geduldig zu. Ich sah einen riesigen Felsblock und um diesen herum dicke, schwere Baumstämme. In dem Moment war ich sehr froh, dass wir Henry nicht dabei hatten, denn wenn der die dicken Baumstämme gesehen

hätte, ich glaube der hätte sein Beinchen gehoben und erst mal Pippi daran gemacht! Diese Skulptur hat auch einen Namen. Sie heißt: „Stein-Zeit-Mensch" und soll die Mächtigkeit der Natur darstellen. Meinem Frauchen gefiel die Skulptur glaube ich gut, denn wir blieben wieder eine Weile dort. Ich legte mich in die Sonne und ruhte mich aus. Als Frauchen mir auch noch eine Portion Hundefutter gab, dachte ich, dass sie sich ruhig Zeit lassen sollte, um sich die Skulptur genau anzusehen. Mir gefiel es dort. Ich lag in der warmen Sonne, war satt und träumte so vor mich hin.

Als ich gerade davon träumte, wie ich mit Henry über eine große Wiese mit Frühlingsblumen tobte, sagte Frauchen mitten in meinem Traum: „Los Erna, wir müssen nun weiter, denn wir haben noch einen weiten Weg vor uns!" Noch ganz benommen stand ich langsam auf, reckte und streckte mich erst mal und schüttelte mich kräftig und schon wanderten wir weiter. Nach einem langen Marsch kamen wir in ein Dorf mit dem Namen Jagdhaus. Dort gibt es einige schicke Hotels, in denen wir versuchten, ein Zimmer zu bekommen. Doch entweder gab es kein Zimmer für uns, oder man wollte uns nicht! Wegen mir! Weil ich ein Hund bin! Könnt ihr das verstehen? Ich bin doch ein ganz lieber Hund und tue doch niemanden etwas! Wir dachten schon, dass wir an diesem Tag kein Zimmer bekommen würden. Müde und hungrig kamen wir dann zu dem letzten Hotel, wo wir noch fragen konnten, doch auch dort gab es kein Zimmer für uns. Die hatten zwar nichts gegen Hunde, doch sie waren völlig ausgebucht, doch der Gastwirt, mit dem mein Frauchen sprach, erzählte uns, dass es im Dorf einen älteren Herrn gibt, der manchmal Zimmer vermietet. Den rief er dann an und tatsächlich hatte der

Herr ein Zimmer für uns frei und gegen Hunde hatte er auch nichts! Wau, waren wir froh, denn wir waren viel zu müde um noch weiter zu laufen. Also klingelten wir kurz darauf an der Tür eines niedlichen kleinen Hauses. Der Herr zeigte uns das Zimmer und mir gefiel es sofort. Frauchen duschte dann gleich und wir gingen noch zu einer Bank, die direkt bei dem Häuschen stand. Es war herrlich dort, denn da gab es eine große Wiese, auf der ich noch herum schnuppern konnte. Frauchen holte sich noch Brote und einen Jogurt aus dem Rucksack! Als sie fertig gegessen hatte, spielte sie dann wieder auf ihrer Mundharmonika.

Mir gefiel es dort viel besser, als in einem dieser großen Hotels und ich glaube Frauchen ging es genau so, denn sie sah sehr zufrieden aus.

Frauchen unterhielt sich dann noch lange mit dem Herrn, dem das Haus gehörte. Als dann die Sonne hinter den schönen alten Bäumen, die auf der Wiese standen, verschwand, wurde es kühl und wir gingen auf unser Zimmer. Schnell gingen wir ins Bett und noch schneller waren wir fest eingeschlafen.

Fünfter Tag

Am nächsten Morgen wurden wir von Vogelgezwitscher aufgeweckt. Wuff, hatten wir dort gut geschlafen! Mein Frauchen packte mal wieder ihren Rucksack. Das kannte ich ja nun schon. Sie hatte abends allerdings noch einige Sachen von sich mit der Hand gewaschen und ich ahnte nun schon, dass wir immer noch weit weg von zu Hause waren. Wir verließen das Haus und davor mähte der Herr schon den Rasen. Frauchen unterhielt sich noch etwas mit ihm und fragte ihn nach einem Lebensmittelgeschäft, da sie kein Hundefutter mehr im Rucksack hatte und es auch kein Frühstück gab. Das Dorf ist aber leider so klein, das es dort überhaupt kein Geschäft gibt! Wir verabschiedeten uns schließlich und wanderten weiter. Bisher hatten wir ja immer Glück auf unserer Reise gehabt und deshalb machte ich mir weiter keine Sorgen. - Sicher finden wir bald etwas zu essen für uns, - dachte ich. Also gingen wir etwas hungrig, aber dafür gut ausgeruht, los. Es war von Tag zu Tag immer wärmer geworden und auch am fünften Tag unserer sehr abenteuerlichen Reise schien wieder die Sonne. Eigentlich war das ja schön, doch die Pfützen auf unserem Weg wurden immer weniger und ich hatte nun nicht mehr so oft Gelegenheit, etwas zu trinken. Doch da hatten wir an diesem Tag mal wieder Glück. Wir kamen an der Sombornquelle vorbei und da habe ich dann erst mal ganz viel getrunken. Als Frauchen auch ihren Durst gestillt hatte, setzen wir uns in der Nähe der Quelle auf eine Bank in die Sonne und ruhten uns ein wenig aus. Später füllte sich Frauchen noch ihre Wasserflasche auf und wir gingen weiter. Endlich kamen wir an den Rhein-Weser-Turm. Wieder so ein Turm, von dem man weit in die Ferne sehen kann, aber das war mir an diesem Tag völlig egal. Ich hatte furchtbaren Hunger und Durst hatte ich auch, denn ich hatte lange keine Pfütze mehr gefunden, an der ich hätte trinken können. Mein Frauchen hatte mich an die Leine genommen, da dort Autos auf der Straße fuhren und ich zog kräftig daran, denn ich hatte neben dem Turm ein Restaurant gesehen. Dort roch es nach leckerem Essen. Frauchen ließ sich auch bereitwillig ziehen und schimpfte gar nicht mit mir. Sie hatte sicher auch Hunger. Wir setzten uns draußen an einen Tisch und sie bestellte ein Schnitzel mit Pommes und Salat. Mir lief schon das Wasser im Mund

34

zusammen und ich konnte es gar nicht erwarten bis das Essen kam. Frauchen holte mir inzwischen schon mal einen Napf mit Wasser und den trank ich dann auch in einem Zug leer. So einen großen Durst hatte ich gehabt! Nun ging es mir schon etwas besser. Das Glas Apfelschorle, das sich Frauchen bestellt hatte, hatte sie auch schnell leer getrunken.

Endlich kam dann das Essen und tatsächlich bekam ich ein großes Stück von dem Schnitzel ab. Auch von den Pommes gab Frauchen mir. Den Salat habe ich ihr dann, großzügig wie ich nun mal bin, alleine überlassen. Ja, ja ich weiß: Hund essen gar keinen Salat. Ich dachte eben ihr fallt darauf rein. Ihr seid doch schlauer als ich dachte! Nachdem wir beide also satt waren, legte ich mich zufrieden unter den Tisch und döste vor mich hin. Frauchen kramte mal wieder dieses große Blatt Papier aus ihrer Jackentasche. Inzwischen wusste ich, dass es eine Landkarte war und der dicke rote Strich, der fast über die ganze Karte lief, war der Weg, auf dem wir die ganze Zeit bis zu dem Rhein- Weser- Turm gelaufen waren.

Frauchen breitete die Landkarte über dem ganzen Tisch aus und sah sie sich genau an. Ein Mann, der am Nachbartisch gesessen hatte, fragte, ob sie den Rothaarsteig laufen würde. Die Beiden unterhielten sich dann etwas länger. Frauchen erzählte, dass wir schon vier Tage auf dem Rothaarsteig wandern würden und dass es ein sehr schöner Wanderweg sei. Der Mann erzählte ihr, der Abschnitt den wir nun vor uns hatten, wäre nicht so schön, da es dort noch sehr matschig sei und die Waldarbeiter auch die vom Kyrell umgeworfenen Bäume noch nicht alle weg geräumt hätten, also daher wäre der Weg sehr mühsam zu laufen. Er erklärte ihr einen anderen Weg, der, wie er meinte, viel schöner sei und lange nicht so schwer zu laufen. Außerdem wäre es von den Kilometern her nicht weiter als über den Rothaarsteig, bis zu unserem heutigen Ziel.

- Aha, wir haben also für heute ein Ziel, - dachte ich und war schon sehr gespannt darauf, wo wir an diesem Tag noch landeten. Allerdings ahnte ich da noch nicht, was wir noch für ein großes Abenteuer erleben sollten. Frauchen bedankte sich bei dem Mann noch für den Tipp und wir zogen mal wieder weiter. Wir gingen nun durch ein Tal mit saftigen grünen Wiesen, durch die sich ein klarer Bach schlängelte. Für mich war das sehr schön, denn ich konnte mir immer wieder die Pfoten in dem Bach abkühlen. Dann entschied sich mein Frauchen einen Weg zu gehen, der steil in den Wald hinauf ging. Das gefiel mir überhaupt nicht, denn in dem Tal hatte es mir sehr gut gefallen. Aber was sollte ich machen? Etwas schlecht gelaunt trottete ich hinter Frauchen her. Die Sonne schien und es war sehr warm, also hatte Frauchen schon nach kurzer Zeit wieder einen puterroten Kopf. Und wie die hechelte! So wie ich, wenn ich mit ihr Frisbee spiele! Manchmal ging es ein Stück abwärts und dann erholte sie sich wieder ein wenig. Dauernd ging es hinauf und hinab. Ich hatte das Gefühl, das mein Frauchen sich nun hoffnungslos verlaufen hatte. Wir irrten kreuz und quer durch den Wald! So langsam machte ich mir Sorgen, denn zu allem Überfluss war keine Menschenseele in der Nähe, die man nach dem Weg fragen konnte. Nirgends war eine Quelle, an der sich Frauchen die Wasserflasche auffüllen konnte. Ich hatte gesehen, dass kein Tropfen Wasser mehr darin war. Für mich fand ich wenigstens ab und zu eine Pfütze, an der ich trank. Endlich sahen wir schon vom weitem eine

Hand voll Häuser. Auf die liefen wir zu. Dort angekommen, klingelte Frauchen gleich beim ersten Haus, doch niemand machte die Tür auf. So ging es uns auch am zweiten und dritten Haus und ich gab schon die Hoffnung auf, dass uns irgendjemand die Tür öffnete. Müde und durstig gingen wir zum nächsten Haus und auch dort klingelte Frauchen. Gerade als wir schon weiter gehen wollten, öffnete sich ein Fenster und eine alte Oma schaute heraus. Die sah lustig aus! Sie hatte doch tatsächlich eine Mütze auf und das bei dem warmen Wetter! Die Mütze hatte ganz viele Haare, die in alle Richtungen standen. Frauchen erklärte mir später, das die Mütze eine Perücke gewesen sei. Das ist so ein Ding, das sich manche Menschen auf den Kopf setzen, weil sie keine Haare mehr haben oder weil ihnen ihre eigenen nicht gefallen. Aber nett war sie, die Oma. Sie füllte meinem Frauchen sofort die Wasserflasche auf, und die trank dann erst mal. Wau, war die durstig, denn sie trank die Flasche fast auf einmal leer! Als Frauchen ihren Durst gestillt hatte, erzählte sie der Oma dass wir uns verlaufen hatten. - Aha, endlich gibt sie mal zu, dass sie sich verlaufen hat! - Die Oma erklärte uns genau, wie wir weiter wandern mussten. Dankbar und nun wieder etwas frischer gingen wir dann weiter. Wir blieben nun unten im Tal und liefen immer parallel zu dem kleinen Bach. Natürlich lief ich immer mal wieder ein paar Schritte durch den Bach. Das tat gut, denn dadurch konnte ich mir meine Pfoten kühlen. Manchmal war ich froh, wenn wir eine Pause machten und ich mich etwas ausruhen konnte. Ich bin ja nur ein kleiner Hund und meine Beine sind nicht besonders lang. Doch, die letzten Tage hatten mir schon gut gefallen, auch wenn ich manchmal Heimweh hatte. So hatte ich mein Frauchen mal ganz für mich alleine und wir hatten ja auch schon viel erlebt.

Nach ein paar Kilometern kamen wir an eine Brücke, auf der eine Gruppe Frauen saß und ihre Füße ins Wasser baumeln ließen. Auch sie hatten einen weiten Weg hinter sich und kühlten nun ihre Füße. Eine der Frauen warf für mich ein Stöckchen ins Wasser, was ich auch gern wieder herausholte, da ich dabei auch im Wasser baden konnte. Die letzten Tage waren wir zwar viel gelaufen, hatten uns aber keine Zeit zum Spielen genommen. Daher machte mir das nun besonders viel Spaß. Mein Frauchen las mal wieder in der Karte und als sie damit fertig war, wanderten wir weiter. Ich entdeckte wieder die roten Schilder an den Bäumen und wusste, dass wir nun endlich wieder auf dem Rothaarsteig waren. Irgendwie waren mir die Schilder inzwischen so vertraut, dass sie mir das Gefühl von Sicherheit gaben, obwohl ich ja damals gar nicht wusste, wo uns der Steig noch so hinführen würde.

Schnell waren wir wieder mitten im Wald. Wir waren noch mehr gelaufen als die letzten Tage und Frauchen sah ganz schön müde aus. Leider sah ich nirgends Häuser, wo wir schlafen konnten und es blieb uns nichts anderes übrig, als immer weiter zu laufen. Irgendwann gingen wir dann den Berg hinunter. Auf einmal sagte Frauchen: „Auch das noch!" Und da sah ich auch die Bescherung. Ganz viele umgefallene Fichten. Da mussten wir nun drüber, denn um umzukehren, zu dem kleinen Haus wo wir die letzte Nacht geschlafen hatten, war es nun zu spät! Das hätten wir nicht mehr geschafft, denn es wurde bald dunkel und außerdem waren wir dazu viel zu müde. Also kletterten wir über die Fichten herüber. Das war schwer, auch für mich und mein

Frauchen musste mich manchmal hoch heben und über eine Fichte tragen, denn ich war zu groß, um unter der Fichte her zu kriechen und zu klein, um über sie zu springen. So kamen wir nur sehr langsam voran und ich hatte Angst, dass wir das nächste Dorf nicht erreichten, bevor es dunkel und kalt wurde. Endlich waren wir über die letzte Fichte herüber geklettert und es ging nun weiter Bergab. Wir gingen nur noch sehr langsam, da wir beide unglaublich müde waren. Auf einmal sahen wir einen Jeep mitten auf dem engen Pfad stehen. Ein Mann saß in dem Jeep und telefonierte. Den sprach mein Frauchen an und erzählte ihm davon, dass wir uns im Wald verlaufen hatten und dann auch noch über so viele Bäume klettern mussten. Wahrscheinlich taten wir ihm leid, denn er bot an, uns in das nächste Dorf zu fahren. Wau war ich da froh! Ich hatte hinten im Jeep einige gelbe Eimer gesehen und ich hoffte sehr, dass da für mich was zu essen darin war. Also sprang ich gerne hinten rein. Leider musste ich feststellen, dass in den Eimern nichts für mich war. Nur Essen für Rehe war da darin. Der Mann brachte nämlich den Rehen immer etwas zu essen in den Wald. Trotzdem war ich nicht traurig, denn ich war sehr froh, mal nicht laufen zu müssen und ich legte mich zufrieden hin. Mal die Aussicht aus dem Auto zu genießen, fand ich richtig Klasse. Der Mann fuhr uns direkt vor die Tür eines super tollen Hotels. Er kannte die Chefin des Hauses und daher bekamen wir dort sofort ein Zimmer. Wuff, waren wir froh, noch bevor es dunkel wurde, ein Dach über dem Kopf zu haben! Frauchen unterhielt sich noch etwas mit dem Mann und bedankte sich mehrmals, dass er uns ein Stück mitgenommen hatte. Nachdem sie sich verabschiedet hatten, fuhr er noch einmal in den Wald zurück, denn er wollte noch den Rehen im Wald das Futter bringen.

An diesem Tag hatten wir am Schluss doch noch mal Glück gehabt, denn wenn wir nicht zufällig jemanden gefunden hätten, der uns mitnahm, wären wir bestimmt erst nachts in dem Dorf angekommen. So gingen wir erschöpft, aber auch zufrieden in unser Zimmer. Dort duschte Frauchen noch schnell und wir gingen dann sofort zu Bett.

In dieser Nacht schliefen wir nicht so gut, denn gleich gegenüber vom Hotel gab es eine Geburtstagsfeier und deswegen war es sehr laut.

Sechster Tag

Dafür blieben wir am nächsten Morgen mal etwas länger im Bett und ruhten uns noch etwas aus. Als wir dann das Zimmer verließen und direkt nach draußen gingen, dachte ich schon, wir würden schon wieder ohne Frühstück los marschieren. Ich hatte so großen Hunger, dass mir der Magen schon knurrte! Doch dann bemerkte ich, das Frauchen ihren Rucksack gar nicht mitgenommen hatte und ich fragte mich was das denn nun wieder bedeutete. Wir machten einen Spaziergang durch das Dorf. Frauchen erzählte mir, das wir nun in Heinsberg wären. - Aha, - dachte ich, - so hieß also das Dorf in dem wir übernachtet hatten - und ich fragte mich mal wieder, ob wir wohl nun in der Nähe von unserem Zuhause waren. Bekannt kam mir dort nichts vor. Ich war mir sicher, noch nie in Heinsberg gewesen zu sein. Es war ja ein nettes kleines Dorf, aber so richtig gefallen hat es mit dort nicht, denn als wir an einem Gartenzaun vorbei gingen, knurrte mich ein riesiger schwarzer Hund böse an. Dabei hatte ich ihm doch gar nichts getan! Ich hatte ihn ja noch nicht mal gesehen, bis er auf einmal zähnefletschend, auf der anderen Seite des Gartenzaunes stand! Wau, hatte ich mich da erschrocken! Ich zog gleich kräftig an der Leine, um ja bloß schnell da weg zu kommen.

Als ich mich gerade von dem Schreck erholt hatte, kamen wir zu einem Lebensmittelgeschäft und Frauchen band mich davor an. Dann verschwand sie darin, doch kurz darauf war sie schon wieder da. Sie hatte für mich Hundefutter gekauft. Sofort machte sie eine Packung auf und stellte sie vor mich. Mmmh, war das lecker! Frauchen meckerte ein bisschen, weil ich alles so schnell verschlang, aber das war mir, ehrlich gesagt, völlig egal. Erstens hatte ich Hunger und zweitens waren wir nicht weit weg von dem großen schwarzen Hund, der immer noch hinter dem Gartenzaun böse bellte. Ich wollte nur so schnell wie möglich weg da, denn ich hatte Angst, dass er über den Zaun springen würde und ich hatte keine Lust, mich schon am frühen Morgen mit einem mir völlig fremden Hund zu streiten. Als ich dann aufgegessen hatte, band mich mein Frauchen wieder los und wir gingen nun an der anderen Seite der Straße an dem blöden Hund vorbei. Der fletschte schon wieder wütend mit den Zähnen und so ging ich, ihn keines Blickes würdigend, vorbei. Ich fragte mich, warum er am frühen Morgen, schon so schlechte Laune hatte.

Wir gingen zurück in unser Hotel und frühstückten dann wieder dort zusammen. Ich bekam einen Taler Wurst, worüber ich mich sehr freute und so hatte ich den blöden Hund schnell wieder vergessen. Als wir Beide wieder satt und zufrieden waren, gingen wir noch mal kurz auf unser Zimmer und Frauchen packte ihren Rucksack. Dieses Mal sah ich, das sie auch noch etwas Hundefutter, das sie zuvor in dem kleinen Lebensmittelgeschäft gekauft hatte, und für sich ein Brötchen in den Rucksack packte. Daher wusste ich nun, dass wir noch immer nicht am Ende unserer Reise waren, denn sonst hätte Frauchen ja kein Proviant mitgenommen. Inzwischen hatte ich gefallen an unseren langen Wanderungen gefunden und mir gefiel es sogar, abends immer an anderen Orten zu schlafen. Wir verabschiedeten uns mal wieder und zogen wieder weiter.

Bald waren wir wieder mitten im tiefen Wald. Die roten Schilder, die uns schon den ganzen Weg begleiteten, waren auch wieder zu sehen und ich wusste nun, dass wir wieder auf dem Rothaarsteig waren. Wir waren noch gar nicht weit gelaufen, da sah ich ein kleines rotbraunes Tier mitten auf dem Weg sitzen. Mein Frauchen hatte es auch gesehen und ermahnte mich sofort, nicht hinter dem Tier herzulaufen. Ich hatte ja aus der Sache mit dem Reh gelernt und wollte nicht schon wieder Ärger mit Frauchen haben! Also ging ich ganz langsam auf das kleine Ding zu. Angst hatte ich nicht vor dem Tier, denn es war ja viel kleiner als ich! Aber ich war schon neugierig, was das wohl für ein Tier war. Ich blieb also einige Schritte davor stehen und es blieb auch tatsächlich sitzen. Das sah vielleicht lustig aus! Es saß seelenruhig da und putzte sich! Es hatte ganz kleine Knopfaugen und einen dicken puscheligen Schwanz. Dann beobachteten wir uns gegenseitig und ich glaube, das Tier hatte noch nie einen Hund wie mich gesehen, denn es schaute mich etwas ungläubig an. Kurz darauf hüpfte es dann zwischen ein paar Bäume und klettere an einem Baum hinauf. Mein Frauchen erklärte mir, dass wir ein Eichhörnchen gesehen hatten. Das sind Tiere, die hoch oben in Bäumen ein Nest haben und dort leben. Im Herbst sammeln sie

Nüsse, Eicheln und ähnliches, damit sie auch im Winter etwas zu essen haben.

An diesem Morgen kamen wir durch einige Laubwälder, die noch das wunderschöne satte Maigrün hatten. Die Sonne schien und wir waren noch von unserem Frühstück satt. Zu trinken gab es für mich auch überall und wir kamen zügig voran. Frauchen erzählte mir, dass eine alte Ruine auf unserem Weg lag, die sie sich in aller Ruhe ansehen wollte. Wir sahen dann auch schon bald einen Turm zwischen dem Laub der Bäume hervor blitzen. Nachdem wir einen steilen Berg hinauf gestiegen waren, lichtete sich der Wald und als wir um eine Kurve gelaufen waren, sahen wir die Ruine Ginsberg in strahlender Sonne vor uns liegen. Davor befand sich eine kleine Gaststätte und Frauchen wollte zunächst erst mal etwas trinken. Also setzte sie sich draußen auf eine Bank. Ich sah, dass vor der Tür der Gaststätte ein Hund angeleint war und freute mich, etwas Gesellschaft zu haben. Also ging ich, freundlich mit meinem Schwänzchen wedelnd, auf ihn zu. - Und da passierte es! - Der Hund riss sich plötzlich von der Leine los, knurrte mich böse an und rannte hinter mir her! Wulff, war ich da erschrocken! Ehrlich, das könnt ihr mir glauben, der Hund war mindestens doppelt so groß wie ich! Ich rannte so schnell ich nur konnte vor ihm weg, doch er hatte mich bald eingeholt und biss mich dann einfach in den Po! Das tat vielleicht weh! Frauchen sprang schnell von der Bank auf und kam auf uns zu gelaufen. Sie schrie: „Aus, aus!" Doch der Hund hörte überhaupt nicht auf sie! Gerade als er mich noch einmal beißen wollte, war Frauchen bei uns und riss ihn an seinem Halsband von mir weg! Inzwischen kam die Wirtin der Gaststätte auf uns zugelaufen und schimpfte fürchterlich. Doch ich dachte ich höre nicht richtig, sie schimpfte nicht mit ihrem Hund! Nein, sie schimpfte mit meinem Frauchen! Ich hatte doch nicht ihren Hund gebissen, sondern er mich! Ich verstand die Welt nicht mehr! Sie schrie fürchterlich herum! Ob wir den das Schild nicht gesehen hätten! Sie könnte noch so viele Schilder aufstellen, niemand würde hier seinen Hund anleinen! Sie zeterte immer weiter und konnte sich gar nicht beruhigen. Hääääh? Was für ein Schild? Ich dachte ich spinne! Mein Frauchen kümmerte sich zunächst nicht um die Wirtin und sah sich erst mal den Biss an. Als sie dann überall nach weiteren Verletzungen gesucht und nichts gefunden hatte, sagte Frauchen auch noch, das alles nicht so schlimm sei! Hallo? Sie war ja auch nicht gebissen worden! Mir tat der Po weh! Ich merkte genau, dass ich blutete! Der Hund wurde in einem Auto eingesperrt und ich legte mich erst mal beleidigt unter die Bank und leckte mir meine Wunde sauber. Die Wirtin hatte sich nun wieder beruhigt und setzte sich zu meinem Frauchen auf die Bank. Sie erzählte meinem Frauchen, dass sie Arko, das ist der Name des Hundes, aus einem Tierheim geholt hätte. Arko wäre in einem schrecklichen Zustand gewesen als sie ihn bekommen hat. Er hatte nicht genug zu essen bekommen und sein vorheriges Herrchen hätte ihn sogar geschlagen! Sie glaubte, das Arko deshalb sein Revier so sehr verteidigen würde und daher manchmal sogar biss. Ich konnte gar nicht glauben was ich da hörte und wenn mein Po nicht noch so wehgetan hätte, hätte Arko mir sogar Leid getan. Ich werde von meinem Frauchen nie geschlagen und zu essen bekomme ich auch immer genug. Nur wenn ich ungezogen bin, schimpft Frauchen manchmal mit mir. Aber das ist nicht so schlimm, denn lange kann sie mir gar nicht böse sein, denn dafür hat sie mich viel zu lieb. Frauchen ließ sich später dann das Schild, auf dem drauf stand, dass Hunde angeleint werden sollten, zeigen. Es war ein altes ausgeblichenes Schild, was man schnell übersehen konnte. Die Wirtin nahm sich vor, noch am selben Tag ein neues Schild anzubringen, was man schon von weitem sieht. Eigentlich war sie sehr nett, denn sie gab mir viele Leckerlis und erzählte, sie hätte noch einige Katzen bei sich im Haus aufgenommen. Sie streichelte und knuddelte mich dann auch noch und schaute noch einmal nach, ob ich noch irgendwo verletzt wäre. Ich merkte nun, dass sie überhaupt nicht böse war und sogar ein Herz für Tiere hat. Sie hatte nur, da sie außer sich vor Schreck war, so laut herum geschrieen, und nun entschuldigte sie sich sogar dafür. Ich war nun auch gar nicht mehr böse auf sie und Frauchen auch nicht. Nur mein Po, der tat immer noch weh.

Frauchen und ich sahen uns dann doch noch die Ruine an. Für mich waren es nur ein paar alte kaputte Mauern mit einem Turm in der Mitte, jedoch meinem Frauchen gefiel das alles sehr gut. Sie holt mal wieder ihre Fotoknipsmaschine hervor und machte Bilder damit. Als wir uns dann von der Wirtin verabschiedeten und weiter gingen, mussten wir an dem Auto vorbei, in dem immer noch Arko eingesperrt war. Ich machte dann doch lieber einen großen Bogen um das Auto herum, denn ich hatte Angst, das Arko doch irgendwie aus dem Auto heraus kommen könnte. Er saß aber ganz friedlich darin und schaute uns traurig hinterher. Ich dachte noch eine Weile über Arko nach und hoffe nun, dass er bald wieder Vertrauen zu anderen Menschen und Tieren hat und dann niemanden mehr beißen wird.

Wenige Kilometer nach der Ruine, nahm mein Frauchen
mich an die Leine und ich konnte schon Autos hören und
schon bald liefen wir durch ein kleines Dorf mit dem
Namen Lützel. Ich dachte schon, dass wir uns dort
wieder ein Zimmer suchen würde, denn wir waren
bestimmt schon um die 20 Kilometer gelaufen, doch
Frauchen klingelte nirgends an einer Tür! Wir kamen an
einem Bahnhof vorbei, aber mit einem Zug fuhren wir
auch nicht weiter. Als wir dann eine Straße überqueren
wollten, hörte ich etwas auf uns zurollen und wir blieben
stehen. Kurz darauf fuhr eine Eisenbahn an uns vorbei.
Ich fragte mich, wo wir an diesem Tag schlafen würden.
Wir liefen auf ein Tal zu und ich konnte schon vom
weiten sehen und riechen dass es dort viele saftige
Wiesen gab. Als wir dann in dem Tal waren, sah ich,
dass sich ein Bach durch die Wiesen schlängelte. Wir
liefen einige Kilometer durch dieses Tal und neben dem
Bach her. Ich lief immer mal wieder in den Bach, trank
dort etwas und badete auch darin, denn es war sehr warm
und außerdem schwimme ich sehr gern, doch leider war
das Wasser nicht tief genug, um darin zu schwimmen.
Trotzdem erfrischte mich das Wasser sehr und mir ging
es gut, obwohl wir weiter liefen als die Tage zuvor. Als
wir dann eine Pause machten, um zu essen, zog sogar
mein Frauchen Socken und Schuhe aus und badete ihre
Füße in dem kalten Wasser. Als wir dann weitergingen,
kamen wir an eine Quelle mit dem Namen Ederquelle.
Frauchen erzählte mir dort, dass das Tal, durch das wir
gewandert waren, Edertal heißen würde und der Bach, in
dem wir gebadet hatten, den Namen Eder hat. Natürlich
brauche ich eigentlich nicht mehr erwähnen, dass
Frauchen immer wieder ihre Fotoknipsmaschine
herausholte und von Allem, was sie interessant oder

einfach nur schön fand, Bilder machte. Inzwischen kennt ihr mein Frauchen ja schon ein bisschen! Der Rothaarsteig führte uns nun wieder tief in den Wald hinein und ging nun wieder stetig bergauf, aber schon bald lichtete der Wald sich wieder und wir sahen weit unten ein kleines Dorf vor uns liegen. Es waren nur wenige Häuser und die Aussicht, ein Zimmer zu bekommen, fand ich sehr gering. Als wir an dem Ortsschild vorbei kamen, sagte Frauchen, das wir nun in Benfe angekommen wären. Kurz darauf klingelte sie mal wieder an einer Tür. Eine Oma machte uns auf und tatsächlich bekamen wir in diesem kleinen Dorf sofort ein Zimmer! Die Oma, erzählte uns sogar, dass sie zurzeit die Einzige sei, die in Benfe ein Zimmer an Gäste vermieten würde. Stellt euch das mal vor! Ein einziges Zimmer und das hatten wir nun! Da hatten wir wirklich Glück gehabt! Wau, wau kann ich da nur sagen! - Oder was sagt ihr dazu? - Die ganze Familie, die mit der Oma in dem Haus lebte, war überaus nett. Es war fast wie zu Hause dort. Es gab eine Oma, Papa, Mama, einen Jungen, ein Mädchen und einen Hund. Auf den Hund ging ich erst mal sehr misstrauisch zu, denn ich musste gleich wieder an Arko denken, doch nach einer kurzen Begrüßung freundeten wir uns gleich an. Nico, so hieß der Hund, teilte sogar sein Essen mit mir und ich durfte auch aus seinem Wassernapf trinken. Der Junge spielte sogar Frisbee mit mir und obwohl ich müde war, machte mir das großen Spaß! Frauchen saß mit dem Rest der Familie im Garten und unterhielt sich angeregt mit ihnen. Bald darauf gingen wir dann aber auf unser Zimmer, denn die Müdigkeit übermannte uns nun doch. Wie immer duschte Frauchen und als sie aus dem Bad kam, hatte sie wie in den vergangenen Tagen auch, ein

Handtuch in der Hand. Sie hatte es aufgegeben meinem lieben Hundeblick zu widerstehen, breitete gleich das Handtuch im Bett neben sich, aus und ich sprang auch gleich hinein und kuschelte noch ein bisschen mit Frauchen. Beim Einschlafen dachte ich noch einmal darüber nach, was wir an diesem Tag alles erlebt hatten. Der Hundebiss war doch nicht so schlimm, denn er tat fast gar nicht mehr weh. In Gedanken verzieh ich nun Arko, da ich ja wusste, dass er es als kleiner Hundejunge nicht einfach gehabt hat und mit dem Gedanken schlief ich dann ein.

Siebter Tag

Am nächsten Morgen, nachdem wir lecker gefrühstückt hatten, gingen wir zeitig los. Der Rothaarsteig führte direkt an unserem Haus vorbei, so verloren wir keine Zeit damit, erst zu dem Steig zu laufen. Wir wanderten wieder auf ein Tal mit saftigen Wiesen zu und schnell verschwanden wir wieder im Wald. Als wir eine Weile gewandert waren, rasteten wir an der Lahnquelle und Frauchen wollte sich ihre Wasserflasche nachfüllen. Doch nun merkte sie, dass sie die Flasche unterwegs verloren hatte. Frauchen suchte in all ihren Taschen, doch die Wasserflasche blieb verschwunden. An ihrem Gesicht sah ich, das sie nun sehr ärgerlich über sich selbst war! Wir waren ja schon wieder einige Kilometer gelaufen und die Wahrscheinlichkeit, die Flasche wieder zu finden, war äußerst gering! Also setzten wir uns erst einmal und ruhten uns aus. Frauchen stand immer mal wieder auf, um direkt aus der Lahnquelle zu trinken. Sie formte dazu ihre beiden Hände wie eine kleine Schüssel, ließ das Wasser da hinein laufen und trank dann daraus. Das hatte ich noch nie zuvor gesehen! Bisher hatte ich euch Menschen immer nur zum Beispiel aus einer Tasse, einem Glas, Becher oder so was ähnlichem, Trinken sehen und deswegen war ich dann etwas beeindruckt! Als wir dann weitergingen, machte ich mir Gedanken, da ich wusste, Frauchen hatte kein Wasser bei sich. Ich hoffte, das es nicht all zu weit wäre, bis es für sie wieder etwas zu trinken gab. So ging ich in Gedanken, als Frauchen auf einmal abrupt stehen blieb. Ich schaute mich zu ihr um und sah dann in die gleiche Richtung wie sie. Nicht weit von uns lag da wieder ein rotbraunes Tier, und sonnte sich! Auch dieses Tier hatte einen dicken, puscheligen Schwanz, aber es war viel größer als das Eichhörnchen, was wir gesehen hatten. Ungefähr so groß wie ich, würde ich sagen. Frauchen sagte ganz leise zu mir, das es ein Fuchs wäre, was wir da sahen. Wir trauten uns kaum zu bewegen, denn wir wollten nicht, dass der Fuchs vor uns davon lief. So beobachteten wir ihn. Er lag faul, dick und fett in der Sonne und ließ sich die auf den Bauch scheinen. Ab und zu reckte und streckte er sich. Sein Fell glänzte und wir konnten sehen, dass es ihm gut ging. Als wir ihn eine Zeit lang beobachtet hatten, wollten wir nicht weiter stören und wanderten weiter. Wie die Tage zuvor war die Landschaft um uns herum wieder sehr schön. Dann sah ich, das wir auf einen kleinen Teich zuliefen und ich rannte freudig darauf zu, denn endlich wollte ich mal richtig schwimmen! Ich sprang gerade in den Teich hinein, als ich hörte, wie Frauchen laut rief: „Nein, Erna, nein!" Doch es war schon zu spät, denn ich war schon hinein gesprungen! Gerade wollte ich zu schwimmen anfangen, als ich entsetzt merkte, dass ich in einem dicken Schlamm watete! Wau, weia! Ich grub mich immer tiefer in den Schlamm und hoffte, endlich wieder festen Boden unter den Füßen zu haben. Aus den Augenwinkeln konnte ich sehen, das Frauchen mich erschrocken ansah und Angst um mich hatte. Gerade als sie hinter mir her kommen wollte, merkte ich festen Boden unter meinen Pfoten und robbte an das sichere Ufer. Mein Frauchen seufzte erleichtert auf und ich war auch froh! Aber wie ich nun aussah! Mein Fell war völlig verdreckt! Ich schüttelte mich kräftig und Frauchen sprang zur Seite, denn sie wollte von dem Schlamm nicht auch noch etwas abbekommen! Ich dachte, Frauchen schimpft mit mir, aber sie war einfach nur froh, dass ich wieder heil bei ihr war. Nun war ich erst einmal kein bunter Hund mehr. Ich war dick mit grauem Schlamm überzogen! Mir machte das nichts aus, aber ich weiß, dass Frauchen es bestimmt nicht so schön fand! Sie sagte aber nichts dazu und wir gingen einfach weiter. Ich nahm mir allerdings vor, in Zukunft etwas vorsichtiger zu sein, denn auch ich hatte etwas Angst gehabt! Gar nicht weit von dem Schlammteich kamen wir an die Ilsequelle. Zunächst trank Frauchen von der Quelle. Hier standen sogar Gläser zum Trinken! Darüber wunderte ich mich etwas, doch machte ich mir nicht weiter Gedanken darüber, denn die letzten Tage hatte ich vieles gesehen, was völlig neu für mich war! Die Ilsequelle ging in einen kleinen Bach über und darin wusch mich Frauchen dann sofort. Das hätte ich mir gleich denken können, ich ließ es mir aber auch gern gefallen, denn mein Fell juckte schon etwas und ich war froh, von dem Schlamm befreit zu werden. Nun wieder sauber, schüttelte ich mich noch einmal und legte mich in die Sonne, um mein Fell zu trocknen und mich von meinem Schrecken zu erholen. Frauchen holte sich noch ein Glas Wasser und stellte sich vor ein Schild, von dem sie mir vorlas. Bei der Ilsequelle handelte es sich um eine Heilquelle, stand auf dem Schild! Die Menschen pilgerten schon seid Jahrhunderten zu der Quelle und versprachen sich davon Heilung! Wau, deshalb standen dort so viele Gläser! Die Menschen tranken also von dem Wasser, um gesund zu werden, oder zu bleiben! So holte Frauchen sich dann noch ein Glas, setzte sich auf eine Bank und trank es langsam leer. Sie bedauerte es noch einmal, ihre Flasche verloren zu haben, denn sie hätte sich gern noch die Flasche aufgefüllt! Das Wasser schmeckte ihr sehr gut und wenn man da durch gesund bleibt umso besser! Nach einer langen Pause gingen wir frisch und munter in den Wald hinein. Nach cirka 6 Kilometern gingen wir vom Rothaarsteig hinunter. Wir kamen nach Hainchen. Auch ein kleines Dorf. Leider gab es dort nirgends ein Zimmer für uns! Wir mussten also weiter in das nächste Dorf und so kamen wir nach Irmgarteichen. Unterwegs sagte man uns, dass es dort zwei Gaststätten gibt, allerdings sei eine davon vor ein paar Tagen abgebrannt. Ich machte mir an diesem Tag keine Gedanken, ob wir ein Zimmer für die Nacht bekommen, denn bisher hatte es ja irgendwie immer geklappt. Und so war es dann auch. Wir liefen auf eine Kirche zu und als wir um die Ecke bogen, sahen wir zwei Gaststätten direkt nebeneinander. Die eine stand tatsächlich ohne Dach da! Ich konnte auch noch die kalte Asche riechen. Die andere Gaststätte was jedoch völlig unbeschädigt, obwohl die Häuser nicht sehr weit auseinander standen! Davor setzten wir uns an einen Tisch und Frauchen fragte, nachdem sie etwas zu trinken bestellt hatte, nach einem Zimmer. Und wieder hatten wir Glück! Es war für uns noch ein Zimmer frei. Wir gingen dann später hinauf, denn Frauchen wollte, nach dem Duschen, in der Gaststätte noch etwas Warmes essen.

Wieder unten, unterhielt sie sich mit dem Wirt und ich hörte den Beiden neugierig zu. Der Wirt erzählte ihr, dass es im Nachbarhaus zu einem Kabelbrand gekommen wäre und dadurch der Dachstuhl gebrannt hätte! Wie durch ein Wunder wäre aber niemand der Bewohner zu Schaden gekommen. Die Feuerwehr war auch schnell da gewesen und hatte es geschafft, den Rest des Hauses zu retten.

Inzwischen war das Essen gekommen. Das roch lecker! Ich bekam eine Pfütze auf die Zunge, obwohl ich gerade erst auf dem Zimmer etwas zu essen bekommen hatte und eigentlich satt war! Vorsichtig stupste ich Frauchen an einem Bein an, aber sie tat so, als ob sie mich gar nicht bemerkte! Ich wusste ja, dass ich nicht betteln durfte und so legte ich mich etwas beleidigt unter den Tisch. Als ich schon die Hoffnung aufgegeben hatte, etwas von dem saftigen Fleisch abzubekommen, da ich sah, dass nur noch ein Stück auf dem Teller lag, nahm Frauchen es, als niemand hinsah und gab es mir. Und wie das schmeckte! Der Sohn des Wirts ist Koch und versteht sein Handwerk. Mmmh, lecker, wau,wau!

Satt und restlos zufrieden gingen wir noch eine kleine Runde in Irmgarteichen spazieren. Es ist ein idyllisches kleines Dorf und mir gefiel es sehr. Danach gingen wir wieder auf unser Zimmer und waren schnell eingeschlafen. Obwohl wir direkt neben dem Kirchturm schliefen, in dem immer wieder die Glocken schlugen, schliefen wir tief und fest.

Achter Tag

Am nächsten Morgen gingen wir noch vor dem Frühstück ein Stück durch das Dorf, damit ich Pippi machen konnte. Da sah ich mitten auf der Straße eine

Schar Hühner herum laufen. Einige waren am Straßenrand und pickten da im Gras herum. Ich war ja an der Leine, da ab und zu mal ein Auto an uns vorbei fuhr, aber die Hühner hatten scheinbar gar keine Angst vor Autos! Das musste ich mir natürlich näher ansehen und zog an der Leine, in Richtung Hühner. Als wir gerade nahe genug bei ihnen waren, so dass ich mir mal so ein Huhn aus der Nähe ansehen konnte, sah ich, dass ein Hahn gackernd auf uns zu gerannt kam. Er sah wütend aus und ich verschwand lieber mal zwischen den Beinen meines Frauchens! Sie lachte mich aus und machte: „Schsch........tschsch........!" Erschrocken lief der Hahn mit seiner ganzen Bande davon. Frauchen erklärte mir, immer noch lachend, dass der Hahn auf seine Hühner aufpasst, damit ihnen auch ja nichts Böses passiert. Also hätte er mich tatsächlich versucht zu picken, wenn ich mich nicht versteckt hätte! Aber ich konnte den Hahn verstehen, denn Henry und ich passen auch immer aufeinander auf.

Mein Frauchen genoss an diesem Morgen unser Frühstück besonders. Nachdem wir gegessen hatten, bedankte sie sich bei der Wirtin, die uns alles hergerichtet hatte. Sie sagte ihr, dass es das beste Frühstück gewesen wäre, das wir auf unserer bisherigen Reise bekommen hatten. Ich fand die ganze Familie nett, denn sie waren alle sehr bemüht darum, dass man sich als Gast wohl fühlt. Der Wirt fuhr uns mit dem Auto sogar bis an den Rothaarsteig. Er erzählte noch von der Geschichte Irmgarteichens und seiner Umgebung. Ich sah mir lieber die Landschaft aus dem Auto an, Frauchen hörte ihm allerdings gebannt zu. Oben am Steig angekommen, verabschiedeten wir uns wieder und Frauchen winkte dann noch hinter dem Auto her, bis wir es nicht mehr sehen konnten. Wir wanderten dann fröhlich los. Am Anfang unseres Weges gingen wir im Wald durch den Schatten und es war noch kühl, doch schon bald kamen wir an eine Stelle, wo der Kyrell mal wieder getobt hatte. Als wir so da standen und die Aussicht genossen, erzählte Frauchen mir, das sie mit den Besitzern des Waldes in dem der Kyrell so furchtbar gewütet hat, Mitleid hätte. Viele hatten vor vielen Jahren die Bäume gepflanzt, um im Alter das Holz zu verkaufen. Vom dem Ertrag wollten sie sicher ihre Rente aufbessern, meinte sie. Nun waren die Bäume vom Wind einfach umgeworfen worden oder in der Mitte abgebrochen, so bekamen die Waldbauern nicht mehr viel Geld für das Holz. –Das ist natürlich traurig. - Obwohl es schon einige Jahre her war, sahen wir unterwegs immer noch Waldarbeiter, die den Wald aufräumten. Wir hatten ja selbst schon über viele Bäume klettern müssen. An einigen Stellen, die wir gesehen hatten, waren sie fertig und es waren schon wieder neue Bäume gepflanzt, doch an vielen Orten sah man noch die Wurzeln der Bäume hochragen und einige, die abgebrochen waren, zeigten nun wie ein Pfeil in den Himmel. Für mich sah das so aus, als ob sie sich da oben bei irgendjemand beschweren wollten. Es wird sicher noch einige Zeit dauern, bis alle Schäden beseitigt worden sind.

Andererseits hat man nun dort oben überall diese unglaublich schönen Aussichten und viele Menschen kommen nun dort hin, um diese zu genießen und sich daran zu erfreuen. So hat sich aus dem Kyrell dann letztlich doch noch etwas Schönes entwickelt!

Ich hatte meinem Frauchen ganz still und aufmerksam zugehört! Als wir weiter gingen, dachte ich noch lange darüber nach, was sie mir erzählt hatte. Ich sah mir nun

alles um mich herum viel intensiver und genauer an als zuvor. Wir kamen noch an weiteren Orten vorbei, an dem der Kyrell besonderst getobt hatte. Ich genoss immer noch die großartigen Aussichten, die wir geboten bekamen, jedoch betrachtete ich nun auch die Wurzeln, die einfach so, dem Boden entrissen, herumlagen und die abgebrochenen Bäume, die wie Pfeile in den Himmel ragten. Es sah nun für mich so aus, als ob sie sich in den Himmel hinein bohren wollten, um da oben noch einmal Halt zu finden. Ich stellte mir vor, wie es ausgesehen hat, bevor der Kyrell zugeschlagen hatte, und es wurde mir bewusst, der Sturm hatte in nur wenigen Stunden ganze Landstriche verändert. Es wird sicher noch viele Jahre dauern, bis sich die Natur endgültig davon erholt hat. Als wir an diesem Tag durch Laubwälder gingen, fiel mir das helle Grün, was es nur im Mai zu sehen gibt, noch mehr auf. Wenn sich dann noch die Sonne durch das Laub schob, glänzte es, als ob man es extra für uns geputzt hätte und ich hatte das Gefühl, das die Vögel, die in den Ästen saßen, extra nur für uns sangen.
Auch das Herumschnüffeln genoss ich besonders intensiv. Ich roch an den frischen Spuren, die ich in der weichen Erde sah und wusste, dass vor kurzer Zeit eine ganze Familie Rehe einen Spaziergang gemacht hatte. Ich dachte darüber nach, ob auch das Reh, dem ich hinterher gelaufen war, dabei gewesen ist und ich hoffte, das sich ihm keinen zu großen Schrecken eingejagt hatte. Plötzlich nahm ich einen für mich ganz besonderen Geruch wahr! - Hasenköttel! – Ihr müsst wissen, dass dies mein Lieblingsduft ist! Eure Mama hat bestimmt auch irgendein Parfum, das sie besonders mag. Heimlich lief ich etwas langsamer und ließ Frauchen vorgehen, denn sie mag den Duft überhaupt nicht. – Keine Ahnung

warum! – Als sie gerade nicht auf mich achtete, drehte ich mich schnell auf den Rücken und legte mich mitten in die Hasenköttel. Mmmh roch das toll! Dann sprang ich schnell wieder auf meine Pfoten und sah nach meinem Frauchen, doch die hatte überhaupt nichts bemerkt! Also nutzte ich die Gelegenheit und strecke noch mal alle Pfoten in die Luft und schubbelte auf den Kötteln hin und her! Ahh, Wau wie das duftete! Da sah mich Frauchen und rief ganz laut: „ Pfui Erna, aus! Bah, hör sofort damit auf, du Stinktier!" - Ich weiß gar nicht, was die immer hat, wenn ich so etwas mache! Ich mag ihr Chanel Nummer 7 oder 5 auch nicht und bin nicht sauer, wenn sie ihr Parfum an sich sprüht. Na ja, egal. Ich finde das Parfum „Hasenköttel" auf jeden Fall klasse. Henry steht übrigens mehr auf den Duft „Pferdeäpfel"! Ist halt Geschmacksache. Auf jeden Fall fand ich, dass ich an diesem Tag wunderbar roch!

Wir hatten schon lange die Dillquelle hinter uns gelassen, als wir an einen Teich kamen. Ich lief aufgeregt mit meinem Schwänzchen wackelnd darauf zu, denn ich hatte die Hoffnung, darin schwimmen zu können. Allerdings traute ich mich nicht, einfach hinein zu springen, denn ich hatte mein Schlammbad noch frisch in meiner Erinnerung! Ich sah mein Frauchen fragend an. Sie ging nah an den Teich heran und sah ihn sich genau an. Dann lächelte sie mich an und sagte: „Los Erna! Ab ins Wasser mir dir!" Juchu! Das ließ ich mir nicht zweimal sagen und sprang mit einem Satz ins Wasser. Wau, wau war das schön! Ich wollte gerade so richtig loskraulen, da stupste mich irgendetwas an meinem Bauch an. - Was ist das denn nun? Huch, schon wieder! - Von allen Seiten wurde ich angestupst! Nicht das es mir wehtat, aber es war ein komisches Gefühl, da ich nicht wusste, was das war. Vorsichtig tauchte ich unter, um zu sehen was es war. Hoppla! Ganz viele Augen sahen mich da an. Ich war also nicht alleine in dem Teich! Dann musste ich wieder mit dem Kopf aus dem Wasser, um Luft zu holen. Ich schwamm und sah mich dabei um, doch über Wasser konnte ich nichts entdecken! Ich wusste aber genau, dass da etwas war, denn ständig wurde ich angestupst! Also tauchte ich wieder! Unter Wasser sah ich dann, dass da ganz viele Tiere herumschwimmen! Wau, konnten die alle lange die Luft anhalten, denn als ich wieder zum Luftholen, den Kopf aus dem Wasser streckte, konnte ich wieder kein einziges Tier entdecken. Also tauchte ich wieder und sah, dass die Tiere gar keine Beine haben! - Ojeh, - dachte ich, - dann können die ja gar nicht laufen! - Frauchen hatte sich inzwischen an den Rand des Teichs gesetzt und sah mir beim Schwimmen zu. Da sie immer noch lächelte, wusste ich, dass die Tiere um mich herum, nicht gefährlich für mich sein konnten. Also blieb ich im Wasser und schwamm einige Runden. Dass mich immer mal wieder eines der Tiere anstupste, störte mich nicht. Schließlich schwamm ich an Land. Ich schüttelte mich kräftig und wälzte mich im trockenen Gras, um mein Fell ein wenig zu trocknen. Frauchen stand auf und wir gingen weiter. Sie erklärte mir, dass die Tiere im Wasser Fische wären. Sie leben ständig im Wasser und daher brauchen sie auch keine Beine. Sie brauchen noch nicht mal ihren Kopf aus dem Wasser zu strecken, um Luft zu holen, sondern sie können sogar irgendwie unter Wasser atmen! Nur manchmal kommen sie blitzschnell heraus, um sich eine Mücke oder andere Insekten zu fangen, die sie dann aufessen. –Echt! Wirklich wahr, das könnt ihr mir ruhig glauben! - Wenn ich die seltsamen Fische nicht selbst gesehen hätte, würde ich auch glauben, Frauchen wolle mich veräppeln!

So nebenbei sagte sie mir, dass wir nun auf Rodenbach zuliefen. Dort gäbe es einen Bahnhof und vielleicht würden wir mit dem Zug ein Stückchen fahren. - Och nööö, - dachte ich, denn ich wollte viel lieber noch in der Sonne wandern. Das kühle Wasser hatte mich erfrischt und ich war überhaupt noch nicht müde! In Rodenbach angekommen, gingen wir dann doch an dem Bahnhof vorbei, worüber ich mich sehr freute. Wir liefen nun Richtung Manderbach und irgendwann merkten wir, dass wir den Rothaarsteig ungewollt verlassen hatten. Nirgendwo waren mehr rote Schilder zu sehen! Ich dachte, Frauchen würde ihre Landkarte herausholen, um nach dem richtigen Weg zu dem Steig zu sehen, doch da irrte ich mich und wir liefen einfach immer weiter. Irgendwann kamen wir wieder in ein Dorf. Den ersten Menschen, den wir sahen, sprach Frauchen an. Sie bat ihn um etwas zu trinken und er bot ihr sofort einen Platz auf der Bank vor seinem Haus an und brachte ihr eine Flasche Wasser. Es stellte sich heraus, das er noch nach Dillenburg fahren wollte, um seiner Frau einen Blumenstrauß zu kaufen. Er wollte ihr den Strauß am nächsten Tag zum Muttertag schenken. Er bot Frauchen dann sogar an, uns bis Dillenburg mitzunehmen! Da mein Frauchen müde aussah, freute ich mich, dass sie zustimmte. Ich sprang also bereitwillig hinten in den Kofferraum des Autos. Der Mann und Frauchen setzten sich vorne ins Auto und hinten im Kindersitz fuhr noch ein kleiner Junge mit! Zusammen fuhren wir dann nach Dillenburg. Während der Fahrt schlich ich mich heimlich auf den Rücksitz! Ich legte mich ganz still neben den kleinen Jungen! Der machte vor Staunen ganz große

Augen, aber er konnte mich nicht verpetzten, denn er konnte noch nicht sprechen, denn dazu war er noch zu klein!

Frauchen unterhielt sich mit dem Mann und ich fand ihn sehr nett. Außerdem hatte er eine angenehme Stimme. Als wir in Dillenburg ankamen, fuhr er uns zum Bahnhof und dort ließ er uns aussteigen. Als Frauchen sah, dass ich mich auf den Rücksitz gemogelt hatte, entschuldigte sie sich sofort bei dem Mann, doch ich kenne sie gut genug und sah, dass sie sich kaum das Lachen verbeißen konnte und so wusste ich auch gleich, dass sie mir nicht böse war! Sie verabschiedete sich sehr herzlich und bedankte sich mehrmals. Dann fuhren die Beiden davon. Nun standen wir in Dillenburg direkt vor dem Bahnhof und ich dachte, dass wir nun ein Stück mit dem Zug fahren würden. Aber nein! Wir liefen in einen Park und dort setzten wir uns auf eine Bank und ich traute meinen Augen nicht! Die Bank sah genauso aus, wie all die Bänke, die wir auf dem Rothaarsteig gesehen hatten! Als ich mich dann aufmerksam umsah, sah ich auch wieder so ein rotes Schild! Wir waren also wieder auf dem Rothaarsteig gelandet! Nur hier war er nicht mitten im Wald, auch nicht in einem kleinen Dorf, nein er war hier mitten in Dillenburg! Wau, ich staunte nicht schlecht. Dillenburg ist nämlich eine Kleinstadt! Als wir weiter gingen, sah ich, dass dort viele Autos fuhren und noch mehr Menschen liefen da herum. Das war nun völlig ungewohnt, denn ich hatte mich an die Stille im Wald gewöhnt. Außerdem musste ich ständig an der Leine laufen. Ich achtete nun, ob die roten Schilder uns weiter begleiteten und tatsächlich führten sie uns direkt in die Einkaufzone von Dillenburg. Wir kamen an vielen Geschäften vorbei und in einige gingen wir hinein. Später

setzten wir uns auf eine Bank, die auf dem Marktplatz steht. Dort beobachteten wir die Menschen, die es alle eilig hatten, denn sie liefen alle, wie die Ameisen die wir im Wald gesehen hatten, hin und her. Als wir so da saßen, glaubte ich auf einmal, jemanden zu sehen, der mir bekannt vorkam. –Achtung!- Schnell sprang ich auf die Bank, um besser sehen zu können. Und da sah ich ihn! Tom! Aufgeregt sprang ich wieder von der Bank herunter und zog, so kräftig ich konnte, an der Leine! Frauchen stand auf und ich zog sie hinter mir her! - Tom, Tom! Hoffentlich sieht er uns, - dachte ich! Frauchen musste fast rennen, um mit mir Schritt zu halten, doch ich wollte Tom nicht aus den Augen verlieren und zog immer weiter an der Leine. Als wir dann schon fast bei ihm waren sah er uns endlich. Frauchen und Tom fielen sich in die Arme und dann begrüßte Tom auch mich. Und wie ich mich freute! Ich war mir nun sicher, das Tom uns mit nach Hause nahm und wir noch an diesem Tag unsere ganze Familie sahen. Ich sprang ins Auto und konnte es kaum erwarten, dass er endlich losfuhr! Unterwegs erzählten sich die Beiden, was so alles in den letzten Tagen passiert war.
Und dann standen wir vor unserem Haus! Ich sprang so schnell ich konnte, aus dem Auto und da sah ich schon Henry auf mich zu rennen! Wir begrüßten uns stürmisch und tobten vor dem Haus herum, bis wir kaum noch Luft bekamen, so sehr freuten wir uns, uns endlich wieder zu sehen! Dann gingen wir ins Haus und begrüßten den Rest der Familie. Alle freuten sich, dass wir nun wieder zu Hause waren! Als alle die Neuigkeiten der vergangenen Tage ausgetauscht hatten, gingen Frauchen und ich hinauf in unsere Wohnung. Nun merkte ich erst, wie müde ich war! Ich ging sofort in unser Bett und wartete,

das Frauchen nach dem Duschen zu mir kam. Das dauerte auch nicht lange. Ich kroch zu ihr unter die Decke und dachte noch eine Weile nach. Die letzten Tage hatten mir sehr gut gefallen und ich hatte ja auch viele Abenteuer erlebt, doch ich kam zu dem Schluss, dass es zu Hause doch am Schönsten ist.

- Und wenn ICH heute Tom nicht auf dem Marktplatz entdeckt hätte, wären wir sicher immer noch nicht zu Hause! - Mit diesen Gedanken schlief ich glücklich ein.

Ps.: Wenn mein Frauchen von unserer Wanderung über den Rothaarsteig erzählt, hört sich das folgendermaßen an:

Erna und ich ließen uns an einem Samstag im Mai von Tom mit dem Auto nach Brilon fahren. Von dort aus liefen wir über den Rothaarsteig in Richtung Dillenburg. Unterwegs hatten wir immer sehr schönes Wetter und wir kamen zügig voran. Den darauf folgenden Samstag kamen wir dann in Dillenburg an und Tom holte uns dort wieder ab. ENDE!

Ja so ist sie MEIN FRAUCHEN! So, nun habe ich aber keine Zeit mehr, denn ich muß doch auf Frauchen aufpassen, denn wer weiß, was passiert, wenn sie sich mal ohne mich verläuft!

Die Autorin Brunhilde Maria Cronauge, geb.1960, tritt
mit dieser Erzählung, erstmals an die Öffentlichkeit.
Aufgewachsen im Hochsauerland, entwickelte sich bei
ihr schnell eine große Liebe zu Tieren, sowie
Naturphänomenen. Ihre Hündin Erna, ist ihr bei allen
Unternehmungen, eine treue Begleiterin geworden. In
dieser Erzählung wird ihre liebe zu Tieren und der Natur
offenbar. Kritisch und dabei immer warmherzig, schildert
sie durch Erna, auf immer amüsante Weise, die
verschiedenen Begegnungen und lässt die Leserschaft so
teilhaben, an ihren Gefühlen und Gedanken. Dabei
vermittelt Brunhilde Maria Cronauge, ihre Neugier auf
das Leben und verschiedene Lebensformen und zeigt
ihren Respekt und ihre Achtung vor denselben. Der
Rothaarsteig war aufgrund einer schweren Erkrankung,
eine doppelte Herausforderung für sie und macht ganz
besonderst, ihre dem Leben zugewandte positive
Einstellung deutlich.

Christoph Sasse

Ich nahm mir in diesem Jahr vor, mal nicht in die Ferne zu reisen, sondern meine Heimat etwas näher kennen zu lernen. Also zog ich los und wanderte mit meiner kleinen Hündin Erna, über den Rothaarsteig, von Brilon nach Dillenburg. Der Sturm „Kyrell", der vor ein paar Jahren überall getobt hat, hat immer noch deutlich sichtbare Spuren hinterlassen. Bisher habe ich immer nur die Schäden die Waldbauern und viele Menschen an ihren Häusern haben und hatten gesehen, doch als ich sah welche herrlichen Ausblicke der Sturm nun geschaffen hat, war und bin ich mehr als begeistert!
So hat der „Kyrell" für mich, nicht nur Schäden, sondern etwas unglaublich schönes hinterlassen.